MÉMOIRE

POUR

Joseph REY, de Grenoble, Avocat à la Cour
royale de Paris ;

CONTRE

Une décision du Conseil de discipline des
Avocats près la même Cour, qui prononce
sa radiation du tableau de l'ordre.

MÉMOIRE

POUR Joseph REY, de Grenoble, Avocat à la Cour royale de Paris ;

CONTRE une décision du Conseil de discipline (1) *des Avocats près la même Cour.*

Le conseil de discipline de l'ordre des avocats a prononcé ma radiation du tableau : « il m'accuse d'avoir VIOLÉ LE SERMENT
» d'obéissance aux constitutions de l'État, de fidélité au Roi, de
» ne rien dire ou publier de contraire aux lois, aux réglemens, à
» la sûreté de l'État et à la paix publique ; de ne jamais s'écarter
» du respect dû aux tribunaux et aux autorités publiques. »

La gravité de ces motifs est tellement décisive, tellement effrayante, que, s'ils étaient fondés, je devrais non-seulement être écarté de l'exercice d'une profession délicate, mais encore ignominieusement repoussé du sein de toute société humaine. J'aurais, en effet, par le plus horrible parjure, attaqué tout ce qu'il y a

---

(1) Je me sers de quelques mots consacrés au palais, tels que ceux *de Conseil de discipline* et *d'ordre* des Avocats, bien que ces mots me semblent entièrement abusifs. On verra, par la suite, que si je ne les ai point tout-à-fait repoussés, c'était uniquement pour ne point compliquer les questions que j'avais à traiter spécialement. En effet, il aurait fallu, pour en justifier l'exclusion absolue, me livrer à plusieurs autres développemens qui nous auraient mené trop loin dans ce moment.

de respectable parmi les hommes ; j'aurais, autant qu'il est en moi, détruit les bases même de l'ordre social.

Il importe donc à mon honneur, offensé d'une manière aussi grave, de démontrer le peu de fondement de ces allégations. Cependant, quelque sacrée que soit pour un citoyen la cause de son honneur, ce n'est point encore le motif le plus pressant qui me détermine à prendre la plume. S'il ne s'agissait que de moi, j'aurais pu garder le silence. Mon cœur, qu'enflamma toujours la vue de l'injustice, lorsqu'elle frappait sur mes semblables, ne sait point s'indigner contre ses propres offenses; et d'ailleurs, dans la conduite du conseil de discipline à mon égard, je vois plutôt un aveuglement, que je dois plaindre, qu'une malignité dont je dusse m'irriter. J'aurais donc abandonné, peut-être, à l'opinion publique, une décision rendue par des juges incompétens, une décision, dont la rédaction seule accuse la plus complète ignorance des institutions qui nous régissent, et dont la conséquence serait d'anéantir d'un seul coup la liberté du barreau et la liberté de la presse. J'aurais, surtout, couvert du plus profond mépris les injures mercenaires de quelques misérables, qui ne savent qu'applaudir à l'arbitraire et insulter aux victimes. Mais ma cause est aussi la cause des principes : j'ai dû parler. Frappé seul, une résignation, peut-être un peu dédaigneuse, eût été ma seule réponse ; mais les droits les plus précieux des Français sont frappés avec moi : je vais répondre.

Dans les premiers jours de mai 1816, une plainte fut adressée à M. le procureur du Roi près le tribunal de la Seine, par un fondé de pouvoir de plusieurs habitans du département de l'Isère, contre M. le vicomte Donadieu, lieutenant-général, ex-commandant de la septième division militaire, dont le chef-lieu est Grenoble ; contre M. le comte de Montlivaut, ancien préfet de l'Isère, aujourd'hui préfet du Calvados, et conseiller d'état ; enfin, contre divers autres complices d'un assassinat, commis en 1816, sur la personne des parens des auteurs de la plainte.

Un tel acte ne pouvait être rédigé que par un jurisconsulte. En effet, l'on devait s'attendre à trouver beaucoup d'obstacles à la poursuite, soit en raison de l'esprit de parti, soit à cause d'un préjugé funeste, qui persuade trop souvent aux agens du pouvoir qu'ils se doivent protection mutuelle, même aux dépens de la justice. Il fallait donc, outre l'exposition des faits, présenter l'indication des moyens de droit, afin d'amener au moins les personnes de bonne foi à la juste appréciation du crime imputé.

Les plaignans sont mes compatriotes. Il suffit d'ailleurs qu'ils fussent mes semblables ; ils étaient souffrans, et je devais leur prêter mon ministère. J'avais donc cru devoir rédiger cette plainte ; et dès l'instant que je l'avais rédigée, il me semblait tout naturel de la signer. Pouvais-je imaginer que bientôt on m'en ferait un crime ?

Vers le milieu du même mois de mai, je reçus une lettre, signée du secrétaire de l'ordre, portant invitation de me rendre, le jeudi suivant, à la bibliothèque des avocats, au palais de justice. Cette lettre ne portait l'indication d'aucun objet particulier.

N'exerçant à Paris que depuis peu de temps, adonné presqu'entièrement aux travaux du cabinet, je connais peu les habitudes du palais. Je crus d'abord qu'il s'agissait de quelque mesure générale, et je me rendis, sans autre réflexion, au lieu indiqué.

L'agent de la chambre, à qui je m'adressai d'abord, me détrompa sur ce point. Il m'apprit que j'avais seul à comparaître devant *le conseil de discipline*. Je délibérai un instant avec moi-même si je me présenterais ; car mon opinion était alors déjà formée sur l'illégalité du *conseil de discipline*, imposé aux avocats par le décret du 14 décembre 1810, en supposant qu'on doive le considérer comme un corps constitué, comme un *tribunal*, ayant le droit d'infliger aux avocats des *peines quelconques*.

Mais, d'une part, j'ignorais absolument ce dont il s'agissait à mon égard, et il était bon que j'en fusse instruit. D'un autre côté, je désirais donner, en tout cas, à mes confrères, une marque de déférence ; enfin, je me rappelais que dans une autre occasion, ayant été cité par le conseil de l'année dernière, je n'avais eu qu'à me louer des égards, et même des sentimens d'affection qui m'avaient été témoignés. Je croyais avoir encore le droit d'être accueilli de la même manière.

Je devais être péniblement désabusé sous ce dernier rapport. Introduit dans le conseil, un ton de hauteur et de réprimande se manifesta chez ceux qui m'adressèrent la parole. Je fus alors sur le point de me retirer sans répondre à des questions qui ne m'étaient plus adressées comme à un confrère, pas même comme à un accusé, mais comme à un homme condamné d'avance. Cependant, je me décidai à ne point invoquer encore la rigueur des principes ; j'éprouvais le besoin d'excéder, s'il le fallait, la mesure des procédés envers mes confrères.

Voici, en substance, le colloque qui s'établit avec moi.

M. LE BATONNIER(1).

Une plainte contre M. le vicomte Donadieu et contre d'autres personnes, a été imprimée et distribuée dans la chambre des avocats, et vous vous êtes permis de signer cette plainte....

M. REY.

Oui, Monsieur, et je crois.....

(*Ici, un mouvement presque général s'est fait sentir dans l'assemblée. « N'interrompez donc pas ! » ont crié plusieurs membres du conseil, en se tournant vers moi avec beaucoup de sévérité.*)

M. REY.

Eh ! Messieurs, je vous demande pardon. Je ne veux point me

---

(1) Il est bon de donner ici l'étymologie de ce singulier mot, qui signifie la même chose que *président* du conseil de l'ordre des avocats. Anciennement, les avocats formaient une confrairie sous la protection de Saint-Nicolas ; et dans les cérémonies de cette confrairie, le chef de l'ordre portait le bâton du saint patron, que l'on posait au-devant de sa chapelle après de grandes génuflexions.

Lorsqu'en 1810, Bonaparte rétablit la *corporation*, la confrairie ne le fut point; mais il suffisait que le mot de *bâtonnier* fût bien gothique et bien ridicule, pour qu'il fût exhumé par celui qui prenait ses modèles et recherchait ses titres dans le siècle de Charlemagne. Cet homme a un destin bien bizarre ; il ne cesse d'être attaqué par ceux-là même dont il caressait le plus les penchans et les prétentions ; tandis qu'une autre partie de la nation, dont il sacrifia les droits sans pudeur, s'obstine encore, par un aveuglement étrange, à le considérer comme le défenseur de ses intérêts les plus chers. L'erreur de ceux-ci ne serait-elle pas un résultat de l'injustice des premiers ? . . .

révolter contre le conseil, mais je croyais qu'il fallait répondre à chaque interpellation.

M. LE BATONNIER.

En quelle qualité avez-vous signé cette plainte ; est-ce comme avocat, ou comme fondé de procuration ?

M. REY (*après une pause.*)

Dois-je répondre, Messieurs ?

M. LE BATONNIER.

Oui.

M. REY.

Si M. le bâtonnier avait daigné jeter les yeux sur le bas de la plainte, il aurait vu que mon nom est simplement accompagné de la qualité d'avocat, et qu'il est précédé de la signature d'un fondé de procuration spéciale des plaignans.

M. LE BATONNIER.

Vous devez savoir qu'un avocat ne peut signer une plainte ou dénonciation. La loi s'y oppose, ainsi que l'usage et les convenances.

M. REY.

D'abord, M. le bâtonnier, quant à la loi, je n'en connais aucune qui nous interdise de signer une plainte.

M. LE BATONNIER.

Vous vous trompez ; l'article 31 du Code d'instruction criminelle veut que les plaignans signent leurs plaintes, mais il ne parle pas des avocats.

M. R e y.

C'est par une raison bien simple. Cet article parle de ce qui est *exigé* à la rigueur : c'est la signature de la partie plaignante ; et la profession de l'avocat étant entièrement libre, on ne pouvait même commander son intervention. Mais de ce qu'elle a exigé cette condition de l'un, elle ne l'a pas interdit à l'autre. La loi, sans nous faire d'injonction formelle pour cet acte, ni pour tout autre, nous invite cependant à leur prêter notre ministère, puisqu'elle nous a institués pour assister les parties dans tous leurs intérêts litigieux : or, en matière criminelle, il n'est pas d'acte plus important que la plainte, puisque c'est la base du procès, et que sa rédaction peut souvent décider de tout le succès de la cause.

Vous avez dit, en outre, M. le bâtonnier, que l'usage s'opposait à ce qu'un avocat signât une plainte ; mais vous oubliez, sans doute, un exemple bien récent, celui de la requête de Mad. la maréchale Brune au Roi, contre les assassins de son mari, requête signée par Me. Dupin. Du reste, je ne veux point dénoncer mon honorable confrère, que j'estime encore davantage, s'il est possible, depuis le moment qu'il a signé cet acte.

M. le bâtonnier.

Oh ! il y a une grande différence entre une *requête* respectueuse à Sa Majesté et une *plainte* à M. le procureur du Roi.

M. R e y.

Le nom ne fait rien à l'affaire, M. le bâtonnier. L'acte appelé *requête*, fait au nom de Mad. la maréchale, était une véritable *plainte*, s'il en fût jamais, et une plainte fort vive. Au reste, si cette plainte a été respectueuse envers Sa Majesté, celle qu'on me fait un crime d'avoir signée était fort respectueuse envers M. le procureur du Roi.

M. le bâtonnier.

Mais vous conviendrez, au moins, que les convenances....

M. R e y.

M. le bâtonnier, je ne connais d'autres convenances que celles du devoir, et surtout celle de ne pas faire une lâcheté. Il était de mon devoir, comme avocat, de rédiger cette plainte; cette poursuite pouvait m'attirer quelques désagrémens, ainsi que l'expérience commence à le démontrer; ainsi, l'ayant rédigée, j'aurais commis une lâcheté de ne point la signer.

.M. le batonnier.

Mais pourquoi avez-vous mis en titre la qualification d'*assassinat?* Ne savez-vous pas que cette odieuse qualification ne s'entend que d'un fait *méchamment et proditoirement exécuté?* Or, comment avez-vous pu l'appliquer à des hommes aussi recommandables, qui n'ont agi que pour remplir leurs devoirs?.

M. R e y.

Votre définition de l'assassinat est parfaite, M. le bâtonnier, et c'est pour cela qu'elle me semble tout-à-fait applicable à l'acte reproché par mes cliens à M. Donadieu et ses complices. Je crains seulement que ce mot, fort expressif pour le crime ordinaire qu'il désigne, soit bien faible pour exprimer un crime aussi horrible que celui dont il s'agit, et exécuté par l'abus le plus affreux de la qualité respectable de fonctionnaire public. De semblables forfaits sont mille fois plus redoutables à la société que l'assassinat commis sur une grande route ou dans la forêt.

M. le batonnier.

Mais il y a inconséquence entre le titre de la plainte, et ce que vous dites page 7. Il n'est question là que d'un concert de mesures entre M. le vicomte Donadieu et M. le comte de Montlivaut, pour l'inexécution des lois, fait prévu par l'article 124 du Code pénal, et qui n'est point un *assassinat,* ainsi que vous avez affecté de le placer en titre.

M. R e y.

C'est que les prévenus ont commis plusieurs crimes à-la-fois, et qu'en pareil cas, on est dans l'usage d'énoncer exclusivement le crime principal. Chacun sait qu'il en est ainsi, même dans les jugemens; car un accusé, eût-il commis vingt crimes, n'est jamais condamné que pour le crime principal.

M. LE BATONNIER.

Vous avez eu un tort bien plus grave : vous n'avez pas craint *d'attaquer le Roi lui-même*, lorsque vous avez dit, page 8, que s'il était vrai que le département de l'Isère eût été mis en état de siége, en vertu d'une ordonnance, vous mettriez en accusation les ministres.

M. REY.

M. le bâtonnier, j'ai le bonheur de vivre sous un régime constitutionnel ; et, ce qui est encore un bonheur plus grand que vous ne le pensez, peut-être, j'en conçois au moins les premiers élémens. Or, pour quiconque a la moindre notion de ce régime bienfaisant, il est convenu, une fois pour toutes, que les ministres seuls sont responsables, et que la personne du Roi est inviolable. Elle doit donc rester dans un sanctuaire, que vous et moi devons respecter. N'en parlons donc plus, M. le bâtonnier, si nous ne voulons pas violer l'un de nos devoirs les plus sacrés.

(*Ici se terminèrent les interpellations de Monsieur le bâtonnier, qui fut remplacé par M.**)*

M. * *

Je vous l'ai déjà dit en une autre occasion, vous n'aspirez qu'à faire du bruit, du scandale. Votre écrit n'est qu'un *libelle*; la preuve en est que vous l'avez fait imprimer à Paris, tandis que le lieu du délit est Grenoble.

M. REY (*s'adressant aux autres membres du Conseil*)

Messieurs, je dois m'affliger de voir qu'un homme, d'ailleurs, aussi respectable que M.**, croie ne pouvoir faire des observations

à l'un de ses confrères qu'en lui adressant des injures. La qualification de libelle, donnée à mon écrit, doit être regardée comme
telle. Quoi qu'il en soit, je n'y répondrai qu'avec la plus grand emo-
dération.

D'abord, je ne sais ce que M. * * entend par vouloir *faire du
bruit, du scandale*. S'il qualifie ainsi l'intention d'agir sur l'opinion publique, et d'opérer une réaction morale sur l'esprit des
magistrats, à l'effet de les maintenir dans leur devoir, s'ils étaient
tentés de l'oublier ; je pourrais avouer une telle intention sans
craindre le moindre reproche. C'est déjà un assez grand malheur
pour les citoyens, lorsque les magistrats n'inspirent point assez de
confiance pour les laisser à la propre impulsion de leur conscience.
Au surplus, même avant la révolution, l'on avait bien senti ce motif, lorsqu'on avait institué la publicité des audiences judiciaires.
En outre, de temps immémorial, les parties sont en usage de
faire imprimer des mémoires, et d'en répandre avec le plus de
profusion possible, lorsqu'une cause présente quelqu'intérêt, et
surtout lorsqu'on a de grands obstacles à vaincre. Ainsi donc,
si c'est là faire *du bruit, du scandale*, c'est un crime qui m'est
commun avec un bien grand nombre de mes confrères, et dont
aucun de vous, sans doute, ne serait innocent.

Quant à l'objection que Grenoble, étant le lieu du délit, je devais y porter la plainte et non à Paris, je répondrai d'abord que
j'habite Paris et non Grenoble ; en second lieu, je ferai observer
à M. * *, que l'article 63 du Code d'instruction criminelle détermine trois compétences pour la poursuite criminelle, celle du lieu
du délit, celle de la résidence du prévenu, et celle même du lieu où
il pourra être trouvé.

M. * *

J'aurais bien pu ignorer cette disposition, car : *Omnis homo
mendax* (1); mais je la connaissais parfaitement. Je vous ferai seulement observer que M. Donadieu est domicilié à Tours.

_____

(1) Cette phrase est rendue littéralement.

2

M. R e y.

La loi ne parle pas du *domicile* , mais de la simple *résidence*. Or, M. Donadieu est *résident* à Paris, rue Jacob, hôtel d'Angleterre. D'ailleurs , aux termes de l'article 63 , il eut suffi de savoir que M. Donadieu , ou autre prévenu, se fût trouvé deux heures à Paris , pour que j'eusse pu saisir légalement de l'affaire M. le procureur du Roi de la Seine.

C'est ici que se termina la séance du conseil. Je demandai s'il fallait revenir , et l'on me répondit que j'en serais prévenu si cela devenait nécessaire.

Il paraît que MM. du conseil ne jugèrent point à propos de donner d'autre suite à cette première mesure , car plus d'un mois s'écoula sans que je reçusse aucune nouvelle invitation.

Sur ces entrefaites , j'appris que M. le procureur du Roi près le tribunal de la Seine , à qui j'avais adressé la plainte , au lieu de faire nommer un juge d'instruction , pour suivre d'après les règles ordinaires , avait cru, d'accord avec M. le procureur-général près la Cour royale , devoir transmettre les pièces à M. le garde des sceaux, pour obtenir l'autorisation préalable du conseil d'État. Je compris parfaitement quel était *le véritable but* de cette résolution , et je jugeai nécessaire d'adresser une requête à M. le garde des sceaux , afin de prévenir cette déviation de la juridiction compétente. Je m'efforçai de prouver que l'article 75 de la constitution de l'an 8 , qu'on invoquait à cet égard , ne pouvait aujourd'hui recevoir la moindre exécution légale. Cette requête fut imprimée et distribuée , comme la plainte , à la chambre des avocats et ailleurs.

Dans le courant de juin , je reçus une nouvelle lettre d'invitation de me rendre à la bibliothèque des avocats . Quoiqu'elle ne portât, comme la précédente , aucune indication particuliere , je pensai bien, cette fois, qu'il s'agissait de ma requête. Ce qui s'était passé à mon égard dans la séance du conseil, à laquelle j'avais assisté , pouvait bien me déterminer à refuser de m'y rendre , non que je n'eusse à répondre, d'une manière satisfaisante, sur cet écrit comme sur le premier, mais parce qu'il importait de ne point consentir à l'attribution illégale, que le conseil prétendait exercer. Toutefois, je pensai qu'il fallait épuiser de nouveau tous les procédés compatibles avec les principes, et je m'arrêtai à un terme moyen qui me sembla tout concilier pour le moment.

Je me rendis au conseil, et je pris d'abord séance sans proférer un seul mot; attendant les questions qui me seraient faites, et me réservant, ou d'y répondre, ou de proposer le déclinatoire que je croyais pouvoir invoquer au besoin.

M. le bâtonnier exposa d'abord, que la requête en question avait été imprimée et distribuée, et qu'elle était signée de moi. A cette exposition pure et simple, je fis un simple signe d'assentiment. Bientôt, sans prendre encore la forme interrogative, il m'invita à prêter attention à quelques passages dont il allait me donner lecture. Je m'empresse de déclarer que, dans cette séance, M. le bâtonnier revint parfaitement au ton de calme et d'égards, que j'avais eu la douleur de ne point rencontrer la dernière fois.

Pour ne point faire un double emploi, je ne transcrirai point ici les passages dont il s'agit. Je me réserve de le faire plus bas, lorsque je donnerai l'arrêté définitif du conseil de discipline, arrêté dans lequel ces passages sont transcrits, du moins en partie.

La lecture faite, je fus invité de m'expliquer sur lesdits passages ; mais ce fut alors que je crus devoir préalablement prendre ainsi la parole :

« Avant, messieurs, de répondre aux questions que vous avez bien voulu m'adresser, veuillez me permettre de vous présenter quelques observations préliminaires. Pour plus de précision, j'ai cru devoir les rédiger par écrit. »

2 *

A Messieurs les membres du Conseil des Avocats près la Cour royale de Paris.

« MESSIEURS,

» J'ai l'honneur de me présenter devant vous, d'après une lettre qui m'a été écrite en votre nom par M. le secrétaire du conseil.

» Cette lettre n'indiquant point l'objet de cette entrevue, j'ai cru devoir, dans tous les cas, déférer d'abord à l'invitation qui m'était faite, purement et simplement, de me rendre à votre séance. J'ai surtout été conduit à cette détermination par l'estime particulière que je porte à chacun de vous.

» Mais après avoir résolu de satisfaire à une convenance, qui m'est bien chère, j'ai dû me demander quel pouvait être, quant à moi, le but de votre convocation. La solution préalable de cette question m'intéresse vivement ; car, ainsi que j'aurai l'honneur de vous l'expliquer, cette solution sera la base même de ma conduite ultérieure.

» Avant de prendre aucune autre part à vos entretiens, je vous supplierai donc instamment de vouloir bien éclaircir un doute principal. Je désirerais savoir si vous vous considérez uniquement comme un *conseil de famille*, disposé à donner de *simples avis* à l'un de vos confrères, ou si vous vous regardez comme un tribunal, ayant droit de lui infliger une peine *sous une forme quelconque*, en raison de l'exercice de ses fonctions.

» Dans le premier cas, je serais le premier à réclamer l'exercice d'une telle juridiction, et je m'y soumettrai même avec reconnaissance. Je serai toujours prêt à recevoir comme une faveur les bons avis de mes confrères.

» Mais, dans le second cas, il m'est pénible de vous le déclarer, il me serait tout-à-fait impossible de reconnaître la légitimité de semblables attributions. Je vous supplie encore avec la même ins-

tance de vouloir bien entendre les motifs d'un tel déclinatoire (1).

» Le plus grand nombre d'entre vous, Messieurs, sait parfaitement qu'avant la révolution, lorsque toutes les autres professions
étaient asservies sous le joug des *jurandes*, celle d'avocat seule
avait su conserver une noble indépendance. Il existait, il est vrai,
parmi les avocats du même siége, une sorte d'organisation, soumise
à certains usages, que chacun d'eux s'était imposé l'obligation de
respecter ; mais la juridiction qui en résultait était entièrement
privée.

» Un *conseil* était choisi chaque année parmi les anciens de
de l'ordre, mais l'autorité publique *n'intervenait point dans le
choix des membres de ce conseil.* C'était, dans toute la force du
terme, un *conseil de famille*, destiné à régler quelques intérêts
communs, à diriger l'instruction des jeunes avocats ; enfin, à constater dans un tableau particulier le nom de ceux qui étaient, à ses
yeux, censés mériter des sentimens d'estime et de confiance.

» Les décisions de ce conseil, pour l'admission au tableau ou pour
la radiation, ne recevaient d'autre sanction que celle de l'ordre entier, sanction manifestée par de simples actes négatifs, tels que
celui de refuser l'exercice du ministère en concurrence avec l'individu réprouvé. Cet individu pouvait du reste exercer sa profession en toute liberté, et l'autorité publique ne prêtait aucune force
aux décisions de l'ordre.

» Tel était l'état des choses lorsque la révolution éclata. L'assemblée constituante, qui brisait tant d'entraves, n'eut garde
d'en imposer à la profession d'avocat. Au contraire, pour prévenir
tout abus de l'organisation alors existante, elle consacra par une
disposition législative, par l'article 10 de la loi du 11 septembre

---

(1) Ce qui prouve que mon opinion était formée depuis long-temps sur cette
question, et qu'ainsi ma résistance au conseil ne vient point d'une susceptibi-
lité particulière, ni de l'embarras de me défendre, c'est que plusieurs parties
de ce qui va suivre sont extraites littéralement d'une brochure que j'ai publiée
en 1818, ayant pour titre : *De la responsabilité des agens du pouvoir d'après
nos lois actuelles, et du droit de défense et d'indemnité des citoyens envers
les agens du pouvoir.* Voyez les pages 68 à 76.

1790 , l'ancienne maxime que les avocats ne font pas un corps, *une corporation*. Depuis cette époque jusqu'en l'an 12 de la république , l'usage de former un tableau des individus, exerçant près les tribunaux, tomba même tout-à-fait en désuétude.

» La loi du 22 ventose an 12 remit en vigueur cet usage , mais elle ne s'expliqua point sur ceux qui se seraient chargés de former ce tableau. On voit clairement que l'intention du législateur était seulement *de faire constater* le nombre et la qualité des personnes exerçant de telles fonctions, ainsi qu'on établit une liste d'électeurs ou de jurés. L'inscription au tableau *devient forcée* dès qu'on a rempli les conditions requises. Je parle du tableau *légal* , car rien ne peut forcer les avocats à inscrire tel ou tel individu sur un tableau particulier qu'ils auraient voulu dresser.

» Or, quant à l'inscription sur le tableau légal, et quant au pouvoir d'exercer devant les tribunaux, l'article 24 de la loi de l'an 12 n'exigeait d'autre condition , que celle de faire enregistrer le diplôme de licencié par le tribunal devant lequel on prétendait exercer.

» Les choses restèrent en cet état jusqu'au décret du 14 décembre 1810, qui, non-seulement, sanctionna d'une manière expresse le simple usage de former un tableau des avocats, et de nommer une sorte de conseil parmi eux , mais qui établit en principe que les individus inscrits au tableau *feraient seuls partie de l'ordre* , et qu'en outre il serait formé un conseil *de discipline* , ayant une véritable juridiction *pénale* sur les avocats, dont l'effet pourrait s'étendre jusqu'à les suspendre de leurs fonctions, ou même jusqu'à leur exclusion totale de l'ordre.

» Ce décret renferme deux violations essentielles des lois antérieures : 1°. de l'article 10 de la loi du 11 septembre 1790, en instituant parmi les avocats *une corporation* , une véritable *jurande* , comme jadis pour les divers métiers ; 2°. de l'article 24 de la loi du 22 ventose an 12 , qui n'exige pour condition de l'exercice du barreau que l'enregistrement du diplôme de licencié.

» Quoique ce décret fût entièrement illégal , même sous l'empire ; quoiqu'alors , on eût pu légitimement refuser de s'y soumettre, je conçois qu'il ait pu recevoir son exécution dans un temps où le droit du plus fort était le seul droit sans réplique. Mais depuis la chûte du pouvoir absolu, depuis l'établissement du régime constitutionnel, il serait bien étonnant qu'on pût invoquer un acte aussi contraire aux dispositions les plus essentielles de notre pacte fondamental. D'ailleurs, l'article 68 de la charte ne laisse en vigueur que les lois antérieures *qui ne lui sont pas contraires*. Or, la charte garantissant à tous les Français leur liberté et leurs propriétés de toute espèce, il ne peut exister d'institution, plus contraire à son texte et à son esprit, que celle qui aurait pour résultat, comme nous le prouverons bientôt, de porter atteinte à la plus précieuse des libertés, celle de la défense des accusés, et à la propriété la plus respectable, l'exercice des talens, des lumières et même des vertus.

» L'article 4 de ce décret avait statué que les premiers tableaux seraient formés par les présidens et officiers du ministère public, en se faisant assister d'un certain nombre d'anciens avocats; et l'article 5 portait que tous ceux qui, aux termes de la loi de ventose an 12, *avaient droit d'exercer* la profession d'avocat, seraient compris dans la première formation, *pourvu néanmoins qu'il y eût des renseignemens suffisans sur leurs capacité, propriété, délicatesse, bonne vie et mœurs.*

» L'article 25 attribuait de plus au conseil de discipline la faculté d'exclure du tableau ceux des membres de l'ordre qu'il jugerait coupables de manquemens graves. Il paraît que c'est d'après la combinaison de ces trois articles que les conseils de discipline se sont mis en possession, non-seulement du droit d'*exclure* du tableau, comme le leur attribue l'article 25, mais encore de celui d'*admettre* ou *ne pas admettre* à la première inscription audit tableau. Du moins ne connais-je aucune autre disposition qui les ait positivement investis de ce dernier droit.

» Certes, Messieurs, rien n'est plus respectable que le principe de n'admettre ou de ne conserver dans cette profession que des hommes éprouvés par leur capacité, et surtout par leur probité et leur délicatesse. Mais d'abord, pour la capacité, peut on exiger plus que la loi de ventôse, qui suppose capable tout licencié ? Pourrait-on, d'ailleurs, s'en rapporter sur ce point à des concurrens dans la même profession ; et ne serait-il pas à craindre quelque fois qu'un talent trop supérieur ne fût à leurs yeux le plus grand motif d'exclusion ? En suite, sur la question de probité ou de délicatesse , peut-on la décider contre un citoyen , sur des assertions vagues, sur des données arbitraires , et avant que des juges impartiaux et compétens aient prononcé sur des faits positifs d'immoralité ou d'improbité ? Songe-t-on bien qu'une telle décision est une atteinte grave à l'honneur, une véritable *dé-gradation civique* ?

» La juridiction *souveraine*, que se sont attribué les conseils de discipline sur l'admission au tableau, et celle en première ins-tance sur le droit d'exclure , qui leur est attribué par l'article 25 du décret de décembre 1810 , cette double juridiction est en outre absolument contraire à la liberté de la défense. Elle fait dépendre le corps entier des avocats de l'opinion , des passions, des intérêts , des préventions , du simple défaut de caractère d'une faible mino-rité. Elle peut avoir le résultat le plus absurde. Par exemple , dans tel siége, où le nombre des avocats s'éleverait à plusieurs centaines, *les huit avocats, qui forment la majorité du conseil de discipline*, pourraient exclure tous leurs confrères en masse , et même leurs collègues de la minorité du conseil. Je suppose une de ces époques malheureuses, trop multipliées depuis trente ans, dans lesquelles l'influence du pouvoir agit avec une force si déplorable sur l'ima-gination des hommes ; et l'on verrait facilement se former une telle majorité dans un conseil de discipline , qui , de bonne foi peut-être , ou entraîné par la terreur du moment , adopterait les principes les plus illibéraux , et priverait l'universalité des citoyens des conseils et des défenseurs de leur choix. Combien cette hy-pothèse ne serait-elle pas encore plus facile à réaliser dans les siéges ou le conseil , étant réduit à cinq membres, la majorité se forme par le nombre de *trois avocats* ?

» Avec un tel système , cette profession , qui sut se conserver libre et indépendante , lorsque les autres états gémissaient sous le joug des jurandes et des maîtrises , serait la seule esclave , au-jourd'hui que les autres états ont conquis leur liberté ! Ainsi , le jurisconsulte le plus distingué, le défenseur des malheureux, le plus zélé et plus délicat; ainsi, l'orateur le plus éloquent, celui qu'envi-ronne de toutes parts la confiance publique serait obstinément repoussé du barreau par la décision souveraine et arbitraire de trois , de cinq , ou de huit maîtres jurés d'une nouvelle espèce? Ainsi, l'avo-cat , déjà en possession , qui n'aurait jamais exercé qu'avec honneur et désintéressement, mais qui, peut-être, pour avoir trop bien rempli ses devoirs, aurait le malheur de déplaire à quelque agent de l'autorité, cet avocat pourrait être outragé dans son honneur, et se voir privé de son état sur la décision de semblables juges ! Il n'aurait d'autre recours contre une telle décision qu'auprès de la Cour d'appel, auprès des mêmes magistrats qui, peut-être, auraient sollicité sa radiation du tableau !......

De tout ce qui précède, il résulte bien évidemment, et j'en appelle à votre propre conviction, que l'institution des conseils de discipline, telle qu'elle a été établie par le décret de décembre 1810, est tout-à-fait contraire à la Charte et aux droits les plus justement respectés.

» Un telle opinion n'est pas nouvelle; je la trouve exprimée avec une laconique et noble énergie dans l'Histoire de nos Constitutions, par M. le comte Lanjuinais, pair de France, à la page 58, alinéa 77, lorsqu'il déplore l'envahissement de toutes nos libertés par le gouvernement impérial. « Le droit d'exercer la noble » profession d'avocat, dit-il, fut subordonné, par un décret impérial, à la volonté arbitraire de deux *amovibles*, c'est-à-dire » d'un procureur-général ou d'un ministre. En perdant leurs *antiques libertés*, les avocats durent perdre la moitié de leur vertu » première. Le barreau, ce brillant asyle des doctrines libérales et » du courage civique, *retentit des paroles de la servitude* (1). Il » a pu donner deux fois aux vertus morales et patriotiques, ornées » de l'éloquence la plus rare, une exclusion réitérée et trop affligeante (2). La sécurité commune a toujours diminué jusqu'à ce

_____

(1) « Toute plaidoirie, tout mémoire devait une injure à la liberté. J'a vu, en 1815, des annonces imprimées, et distribuées ve c profusion, c des avocats, sous prétexte de faire connaître leur domicile, se rec ommanda ent ; croisaient-ils, en se déclarant *ennemis de toute constitution*. On connaît re frein hyperbolique d'un avocat distingué, champion si chaleureux de l'a c en régime, qu'il le redemandait à tout propos, et de si bonne foi, qu'il ajo ait sans rire : *Oui, je le veux comme il était; je ne ferais pas grace d'un abus.* » (*Note de M. Lanjuinais.*)

(2) « J'entends parler de M. Manuel, nommé député en deux départemens l'année même ou le conseil de discipline, *imposé aux avocats de Paris*, l'a exclu pour la seconde fois du tableau. » (*Note de M. Lanjuinais.*) (*)

(*) Cette note n'a pas été lue au conseil, parce qu'elle m'avait paru contenir quelques applications personnelles trop directes.

» que de jeunes athlètes soient venus rallumer glorieusement le
» feu sacré, presque éteint par CE FATAL DÉCRET, qui s'exécute
» encore, et QUI EST INCOMPATIBLE AVEC L'ESPRIT DE LA CHARTE. »

» Après une autorité semblable, après tant de raisonnemens
sans réplique, il me semble inutile, Messieurs, d'insister davantage sur ce point de doctrine. Vous êtes désormais d'accord avec
moi, je n'en puis douter, sur l'illégalité des attributions qu'on
pourrait emprunter du décret de décembre 1810. Je n'aurais pu
même soupçonner une telle intention de votre part, si quelques exemples récens ne m'autorisaient à le croire ; et si, notamment, dans une de vos précédentes séances, où je fus appelé pour
avoir rédigé une plainte contre M. le vicomte Donadieu et consorts, quelques-uns d'entre-vous n'avaient cru pouvoir se permettre à mon égard des réprimandes, même avant de m'avoir entendu.
Mais si, dans ce moment, je crois devoir en appeler de vous
à vous-même mieux informés, vous ne verrez, dans cette démarche,
qu'une preuve de la confiance intime que j'ai dans vos lumières
et votre impartialité. Au milieu des funestes événemens, dont nous
sommes les victimes depuis trente ans, les hommes du plus haut
mérite ont souvent partagé les erreurs les plus graves. A supposer
donc que vous eussiez eu d'abord l'intention d'agir en conséquence
du décret usurpateur, je suis persuadé que vous renonceriez, dès
ce moment, à votre résolution, pour revenir avec joie à nos *anti-*
ques usages, *à l'ancien régime* de la profession d'avocat.

» Dans cette persuasion flatteuse, et dès l'instant que vous aurez
eu la bonté de me déclarer qu'elle n'est point sans fondement,
je suis et serai toujours prêt à rendre à mes confrères, à mes pairs,
le compte le plus détaillé des motifs de tous les actes de mon ministère. »

Après cette lecture, je me disposais à sortir, lorsque M. le bâtonnier me demanda si je persisterais à ne point vouloir répondre
au conseil, dans le cas où le conseil persisterait lui-même à se
considérer comme légalement institué en vertu du décret du 14
décembre 1810.

Je répétai qu'un tel refus m'était très-pénible, mais que je croyais le devoir à ma conscience ; que je priais toutefois les membres du conseil de vouloir bien ne pas oublier cette distinction : que je ne déclinais que leur juridiction *légale*, et nullement leur juridiction *morale* ; que je la réclamais, au contraire, comme une faveur, et que, sous ce dernier rapport, j'étais prêt à rendre à tous et à chacun d'eux le compte le plus détaillé de tous les actes de mon ministère.

Là-dessus, je me retirai, laissant sur le bureau les observations écrites que je venais de communiquer.

Le 30 juin je reçus la lettre suivante :

« Monsieur et cher confrère,

» J'ai l'honneur de vous faire passer une expédition de l'arrêté pris par le conseil de discipline de l'ordre, dans sa séance du 24 juin courant. Je vous prie de vouloir bien m'en accuser la réception. J'ai l'honneur d'être, monsieur et cher confrère, votre dévoué serviteur. »

LAMY, secrétaire.

Ce 29 juin 1819.

Séance du 24 juin 1819.

« Le conseil, après avoir entendu les observations de M. Rey,
» et sa déclaration qu'il ne considère pas le conseil comme ayant
» pouvoir légal de l'appeler, et de prononcer, aux termes du décret
» du 14 décembre 1810, sur les mémoires et imprimés émanés de
» lui, en sa qualité de membre de l'ordre ;

» Considérant que le conseil ne peut se dispenser de remplir les
» devoirs qui lui sont imposés par le décret du 14 décembre 1810 ;

» Arrête que M. Rey sera invité pour la seconde fois à venir
» s'expliquer devant lui, jeudi prochain 1er juillet, sur le contenu
» en l'imprimé signé Rey, en date du 8 juin 1819, intitulé:
» *Requête à M. le garde des sceaux.* »

ARCHAMBAULT BATONIER.

Pour M. le secrétaire du Conseil,

DELAHAYE.

Paris, 26 janvier 1819.

3*

Voici quelle fut ma réponse.

« Monsieur et cher confrère ,

» J'ai l'honneur de vous accuser réception de l'arrêté du conseil des avocats , séance du 24 courant , par lequel , en persistant à se considérer comme légalement autorisé à procéder aux termes du décret du 14 décembre 1810 , ledit conseil m'invite , pour la seconde fois , à venir m'expliquer sur le contenu d'une requête à M. le garde des sceaux , dans l'affaire contre M. le vicomte Donadieu et consorts.

» Je saisis cette occasion , monsieur et cher confrère , pour vous prier de vouloir bien être , auprès de MM. les membres du conseil , l'interprète des sentimens que j'ai déjà eu l'honneur de leur exprimer. Il m'est pénible de ne pouvoir me rendre à l'invitation de confrères aussi honorables ; mais ils seront persuadés , sans doute , qu'il ne s'agit ici que d'une question de principes. Je ne saurais trop le répéter , je ne décline que leur juridiction *légale* , c'est-à-dire , celle d'après laquelle ils se croiraient investis du droit de m'infliger une peine quelconque , susceptible d'un effet *légal* ; mais , quant à leur juridiction *morale*, je suis et serai toujours prêt à m'y soumettre , et je la réclamerai même comme une véritable faveur.

» Veuillez agréer , monsieur et cher confrère , et veuillez transmettre à MM. du conseil l'expression des sentimens les plus distingués et les plus affectueux. Votre dévoué serviteur. »

Le lendemain je reçus une invitation nouvelle , conçue en ces termes :

« Monsieur et cher confrère ,

» Je suis chargé , au nom du conseil de l'ordre des avocats à la Cour royale de Paris , de vous inviter à vous présenter à la séance qui aura lieu jeudi prochain , 8 du courant , dans la salle de la Bibliothèque. J'ai l'honneur d'être , mon cher confrère , votre très-humble et très obéissant serviteur.

LAMY , secrétaire.

Paris , le 1er. juillet 1819.

Voici ma réponse :

Paris, le 2 juillet 1819.

« Monsieur et cher confrère,

» J'ai reçu avant hier, par votre entremise, un arrêté du conseil, portant déclaration de vouloir procéder à mon égard, d'après le décret du 14 décembre 1810. J'ai eu l'honneur de vous répondre de suite, et mon domestique m'a bien assuré qu'il avait remis la lettre au jeune commis du secrétariat. Dans tous les cas, pour répondre à celle que vous m'avez fait l'honneur de m'écrire en date d'hier, portant nouvelle invitation de me rendre jeudi prochain à la séance du conseil, je m'empresse de vous envoyer copie de ma lettre, qui vous fera connaître la résolution définitive, que j'avais déjà prise alors, bien à regret sans doute, mais dans laquelle je ne puis m'empêcher de persister, la croyant seule conforme aux lois et aux principes.

» Veuillez agréer, monsieur et cher confrère, l'assurance de ma considération bien distinguée. »

Enfin, le 8 juillet est intervenu l'arrêté suivant :

Séance du 8 juillet 1819.

Le conseil de discipline de l'ordre des avocats à la Cour royale;

Vu deux écrits imprimés, signés Rey, de Grenoble, avocat à la Cour royale de Paris;

Le premier intitulé : *Plainte adressée à M. le procureur du Roi près le tribunal de la Seine, contre M. le lieutenant-général Donadieu et ses complices, accusés d'assassinat;*

Le second intitulé : *Requête à M. le garde des sceaux, tendante à décliner la juridiction du conseil d'état, pour Pierre Regnier et autres habitans du département de l'Isère; ensuite de la plainte par eux portée contre MM. le vicomte Donadieu et complices, accusés d'assassinat;*

Après avoir entendu M. Rey, sur le premier des deux écrits, dans la séance du 6 avril dernier, et sur le second, dans la séance du 24 juin, dans laquelle il a refusé de s'expliquer, en déclarant qu'il ne reconnaissait pas la discipline du conseil ;

Et encore après que M. Rey, invité à se rendre aux deux séances des 1ᵉʳ. et 8 juillet présent mois, a annoncé par lettres que, persistant dans sa première déclaration , il ne se rendrait pas au conseil ;

Considérant que la requête à M. le garde des sceaux, signée Joseph Rey, de Grenoble, avocat à la Cour royale de Paris, contient entre autres passages ceux qui suivent (1) :

Pag. 8 . « On compara la charte avec les lois invoquées par les » oppresseurs, et l'on vit que l'application de ces lois était tout-à-» fait incompatible avec les bienfaits de la loi fondamentale. On vit,

---

(1) Je dois ici faire observer que, d'un côté, l'on a omis, dans l'arrêté, de rapporter deux passages qui m'ont été reprochés dans le conseil ; tandis que, d'un autre côté, l'on ne me parla point alors de deux endroits qui sont rapportés dans ledit arrêté, c'est-à-dire, de ceux indiqués comme appartenant aux *pages* 14 et 16. Je ne remarque ceci que pour l'exactitude ; je suis bien loin de vouloir éluder de répondre sur ces derniers passages, quoique non compris dans la communication verbale ; et quant à ceux omis dans l'arrêté, je m'empresse moi-même de les rétablir. Il n'est pas un mot de mes écrits dont je sois prêt à répondre devant le monde entier. Voici la copie des passages omis :

Pag. 3 et 4. « Sous le régime impérial, si favorable aux agens du pouvoir, l'on était bien parvenu à étendre cet article (l'art. 75 de la constitution de l'an 8) jusqu'aux employés des douanes, des forêts, des postes, des droits-réunis ; mais personne n'avait imaginé de l'appliquer aux *militaires*. Le régime de 1815 même n'offre aucun exemple d'une extension aussi exorbitante. *Il était réservé à M. le procureur du Roi près le tribunal de la Seine*, de proposer, en 1819 , l'introduction de ce droit nouveau. »

« Cette seule observation, qu'une telle prétention n'avait point été élevée, » *même par nos gouvernemens les plus despotiques*, devrait, etc. »

Pag. 7. « Mais, ce que peu de personnes ont pu comprendre jusqu'à ce jour, c'est que les excès de cette même révolution, ces alternatives de faiblesse ou de férocité, d'anarchie ou de despotisme, avaient leur source profonde dans l'institution de l'ancienne monarchie, dans cet état de choses, où il n'existait aucune garantie *vraiment légale* aux citoyens, où le système des priviléges et des exclusions constituait les diverses classes de la société en guerre perpétuelle, où *les droit et les devoirs ne pouvaient ainsi reposer sur aucune base certaine.* »

» avec une terreur mêlée de honte, que, sous un régime appelé
» *constitutionnel*, et dont les agens avaient sans cesse à la bouche
» les mots sacrés d'ordre et de justice, ces mêmes agens n'avaient
» pas rougi d'accumuler contre les citoyens les souillures de toutes
» les époques désastreuses, et les mesures absurdes du pouvoir
» absolu, et les combinaisons perfides du plus cruel machiavélisme,
» et les atrocités de toutes les terreurs révolutionnaires.

Pag. 14. « Le conseil d'état n'a aucune existence légale parmi
» nous. »

Pag. 15. « A cette époque seulement (29 juin 1814), le génie
» des usurpations législatives, qui, véritable et unique conspira-
» teur de cette époque, nous amena les funestes événemens de
» 1815, ce génie malfaisant sut, *par une simple ordonnance,*
» imaginer la création d'un conseil du prince, à qui, sans autre
» forme, on donna les attributions les plus étendues, les plus exor-
» bitantes..... mais, ce qui fut vraiment déplorable, c'est que cette
» ordonnance cachait un piége sous l'apparence d'un retour à la
» légitimité, etc. »

Pag. 16. « On ne sait si l'on doit le plus gémir de la funeste
» facilité des agens du pouvoir exécutif à empiéter sur les autres
» pouvoirs, ou de celle, plus funeste encore, des citoyens à souf-
» frir sans murmure de télles usurpations. »

Pag. 19. « Les exposans ne peuvent terminer leur requête sans
» attaquer une erreur plus fondamentale, et d'autant plus funeste
» que, subversive de toute liberté constitutionnelle, elle semble
» malheureusement consacrée par l'assentiment de quelques
» hommes recommandables. Cette erreur est le palladium de tous
» les abus, de toutes les injustices : on l'oppose avec un succès
» désespérant à toutes les réclamations des citoyens. Elle consiste
» à soutenir que dès l'instant qu'une ordonnance existe, quelque
» contraire qu'elle soit aux lois, OBÉISSANCE LUI EST DUE, jusqu'à
» ce qu'on l'ait fait réformer par l'autorité législative. »

Pag. 21. » Comment n'a-t-on point songé que c'est le gouver-
» nement, le ministère lui-même qui a tout à-la-fois l'initiative et le
» véto de lois ? Or, puisque c'est un de ses actes qu'il s'agit alors
» de réformer, comment concevoir que le ministère y consente ?

» Et si , comme on doit le présumer, il refuse de proposer la loi
» réparatrice, n'est-il pas évident que le mal doit exister éternel-
» lement, à moins que les partisans de ce système ne veuille indi-
» quer pour dernier remède le terrible moyen de *l'insurrec-*
» *tion ?....*

Même page : « En résistant aux révolutions progressives et douces,
» on force enfin le peuple à des révolutions soudaines épouvantables.»

Pag, 22 et 23. « C'est ici que les exposans termineront leur
» pénible carrière. Malgré l'empire des opinions qu'ils combattent ,
» malgré l'audace de leurs adversaires, ils n'ont point encore perdu
» toute espérance. Ils savent trop , il est vrai, que ces hommes
» cruels sont protégés par une main invisible et puissante..... Mais
» un jour arrive où le doigt d'en-haut s'appesantit enfin sur les têtes
» les plus superbes, où la lumière de vérité pénètre jusque dans les
» dernières profondeurs du crime. Alors il n'est plus de refuge pour
» les scélérats ; l'enceinte des palais cesse de les couvrir de leur om-
» bre : c'est alors qu'un Dieu vengeur les poursuit, et qu'il sait
» enfin les atteindre. »

Considérant que , par la publication de ces principes et par ces
provocations , M. Rey a violé le serment prescrit par l'article 14
du réglement du 14 décembre 1810, et qu'il a lui-même prêté
devant la Cour royale « d'obéissance aux constitutions de l'État,
de fidélité au Roi , de ne rien dire ou publier de contraire aux lois,
aux réglemens , à la sûreté de l'état et à la paix publique, de ne
jamais s'écarter du respect dû aux tribunaux et aux autorités publiques , »

» Arrête :

» Article 1er. M. Rey est rayé , à compter de ce jour , du tableau des avocats à la Cour royale de Paris.

Art. 2. Le présent arrêté sera adressé à M. le procureur-général
par M. le bâtonnier , et notifié à M. Rey. »

Tel est l'état des choses, au moment où je publie ce mémoire.
On demandera peut être pourquoi je n'appelle point de cet arrêté
devant la Cour royale, aux termes de l'article ▀▀ du décret du
14 décembre 1810. On doit deviner ma réponse. C'est l'illégalité

de ce décret qui m'empêche de reconnaître l'existence d'un conseil de discipline des avocats ; la même considération me défend de reconnaître à la Cour royale des attributions qui partent d'une source aussi vicieuse. Je me soumettrai à cette autorité dans tout ce que *la loi* lui défère ; pour tout autre objet, elle n'est à mes yeux qu'une réunion d'hommes privés.

Il ne me reste donc qu'à me justifier dans l'opinion de mes concitoyens. Le succès d'une telle tâche me sera plus doux que celui d'une action judiciaire. Un arrêt ne me rendrait point l'estime de mes concitoyens, si j'avais mérité de la perdre ; l'estime de mes concitoyens me dédommagera bien amplement des misérables persécutions qu'on voudrait me susciter.

Il est deux manières de défendre les passages que l'on me reproche, le raisonnement et les exemples ; celle-là, pour les sages à qui la raison tient lieu d'autorité ; celle-ci pour les faibles à qui les autorités tiennent lieu de raisons. Je commencerai par la dernier, et j'invoquerai des exemples que mes adversaires ne récuseront pas.

Voici le premier PASSAGE tel que je l'ai rétabli :

Pag. 3 et 4. « Sous le régime impérial, si favorable aux agens du pouvoir, l'on était bien parvenu à étendre cet article (l'article 75 de la constitution de l'an 8), jusqu'aux employés des douanes, des forêts, des postes, des droits réunis ; mais personne n'avait imaginé de l'appliquer aux militaires. Le régime de 1815 même, n'offre aucun exemple d'une extention aussi exorbitante. *Il était réservé à* M. *le procureur du Roi près le tribunal de la Seine* de proposer, en 1819, l'introduction de ce droit nouveau.

» Cette seule observation, qu'une telle prétention *n'avait point été élevée par nos gouvernemens les plus despotiques,* devrait, etc. »

Les phrases que j'ai soulignées me semblent être celles que le conseil aura principalement eu en vue dans ses reproches ; la première indique nominativement M. le procureur du Roi près le tribunal de la Seine, comme ayant introduit un droit nouveau, que je *crois trop favorable aux agens du pouvoir* ; la seconde semble accuser le même magistrat, d'une manière plus ou moins directe, d'avoir élevé une prétention *qui ne l'avait point été par nos gouvernemens les plus despotiques.*

4

Voyons maintenant si je ne trouverai point d'exemple d'une aussi grande liberté chez nos orateurs les moins suspects du barreau.

J'ouvre d'abord un mémoire qui n'a point été fait pour des *révolutionnaires*, des *jacobins*, ni pour de *vils paysans*. Il a été rédigé pour de nobles personnages, qui, long-temps, s'attribuèrent exclusivement le titre de *royalistes*. L'avocat signataire n'est point un de ces tribuns du barreau qu'on accuse de méconnaître le principe de la légitimité. Ce mémoire fut imprimé en 1818, au sujet de la conspiration dite *royaliste*, pour M. le baron Canuel, M. le vicomte de Chapdelaine, M. le comte de Rieux-Songy, etc. ; il porte la signature de M^e. *Couture*, avocat à la Cour royale de Paris, etc., *membre du conseil de discipline, qui m'a rayé du tableau.*

Pour juger à qui s'appliquent les phrases que nous allons retracer, on se rappellera que MM. Canuel, Chapdelaine, etc., avaient été poursuivis sur les indications de Son Excell. le ministre de la police, à la diligence de M. le procureur-général près la Cour royale, et sur le réquisitoire de M. le procureur du Roi près le tribunal civil de la Seine. Venons maintenant aux citations.

L'auteur de ce mémoire, après s'être plaint qu'on s'est vainement adressé au juge d'instruction pour terminer la procédure, bien que ce magistrat eût assuré que son travail était prêt depuis un mois ; après avoir dit que vainement encore on s'est adressé au président du tribunal, et même au ministre de la justice, ajoute, pag. 6, ligne 18 et suivantes :

« Pour couvrir d'*une vaine excuse* cette étrange inaction, *on a* parlé de nouveaux documens, ou plutôt *on a créé* de nouveaux incidens ; *on* a fait quelques insertions dans les journaux pour opposer des demi-mots obscurs à nos écrits bien clairs ; on a dit tantôt que de nouveaux témoins avaient été entendus, tantôt que deux personnages distingués, nominativement impliqués dans la conspiration, avaient été appelés comme témoins, lorsqu'on les avait mandés comme prévenus ; *et tout cela* pour tenir l'attention de la France en haleine, POUR PERSUADER QUE LA CONSPIRATION ÉTAIT SÉRIEUSE ; que ses ramifications s'étendent au loin, et que les charges se multiplient.

Ainsi, M. le procureur du Roi , M. le procureur - général et

Son Exell. le ministre de la police , étant les seuls qui eussent dirigé la procédure , c'est sur eux seuls évidemment que porte l'accusation d'avoir cherché de *vaines excuses* , d'avoir *créé des incidens* ; d'avoir , en un mot , employé toutes sortes de manœuvres pour persuader QUE LA CONSPIRATION EST SÉRIEUSE. » Suivons.

Pag. 7. « C'est à l'aide *de pareilles manœuvres,* que notre captivité se perpétue ; *qu'on revêt d'apparences trompeuses* un fond QUI N'EST QUE HAINE ET QU'IMPOSTURE; *et* qu'enfin *, sous le prétexte* d'une procédure secrète, *que l'on prétend ne prolonger qu'à regret , etc. »*

Pag. 8. « Nous avons le droit d'en conclure que c'est *la fidélité et le royalisme que l'on persécute* dans notre honneur personnel. »

Pag. 15. « ON SAISIT AVEC AVIDITÉ de *vagues suspicions,* des *délations incroyables,* pour déployer, AB IRATO; contre deux officiers généraux et trois officiers supérieurs , *toutes les rigueurs de la justice.* »

On conviendra qu'il est difficile de reprocher à des magistrats , à des ministres , des faits plus graves , des faits qui prouvent plus directement la passion , l'imposture , la perversité , la prévarication et la félonie même envers le Monarque ; que devient, auprès de telles accusations , le reproche indirect de prétentions despotiques , adressé dans ma requête à M. le procureur du Roi ? Ai-je attaqué sa bonne foi , son impartialité , sa fidélité , son royalisme ? Est-il d'ailleurs bien certain que le reproche de despotisme soit regardé comme une injure par la plupart des agens du pouvoir ? En est-il beaucoup qui ne l'acceptassent comme un éloge ?...

Veut-on maintenant un autre genre d'attaques également autorisé envers des magistrats , et que, cependant, je suis loin d'avoir emploié moi-même? Il ne s'agira plus de ces accusations graves et véhémentes ; l'orateur , plus habile , sans être plus respectueux , versera à pleines mains le ridicule et le mépris sur le magistrat dont il attaquera la procédure. Je trouve un chef-d'œuvre de ce genre dans un mémoire publié en 1814 pour la nommée Julie Jacquemin , accusée d'empoisonnement. Ce mémoire porte

4 *

d'abord la signature de M. *Bellart*, alors avocat, aujourd'hui procureur-général ; ensuite celle de deux autres jurisconsultes, dont l'un , M^e. *Romain de Sèze*, est maintenant conseiller à la Cour royale de Paris.

Pages 32 et 35 de la 2e. partie ; après avoir discuté divers passages de l'acte d'accusation, après avoir essayé de démontrer combien sont insuffisantes et invraisemblables les charges énoncées dans cet acte , il est dit : « Et il faut que *des hommes faits* se résolvent à dévorer *de pareils fables , dont les enfans même, s'ils y comprenaient quelque chose, ne pourraient s'accommoder.*

» Mais nous entendons l'objection *banale*, il y a des hommes bizarres.

» Oui , oui , il y a des hommes bizarres.

» Il y a des femmes bizarres aussi , bizarres et méchantes.

» Il y a , de plus , des hommes bien crédules; de ces grands enfans qui ajoutent foi à la dent d'or ; de CES GRANDS ENFANS QUI ONT BRULÉ GRANDIER ET ROUÉ CALAS ; de ces grands enfans qui *aiment passionnément les Mille et une Nuits; de ces grands enfans* qui croient de préférence ce qui est merveilleux ; *de ces grands eufans ,* enfin , qui, *une fois qu'ils ont cru à un conte à dormir debout*, qu'on leur a fait , sont malheureusement hommes par la force de leur obstination , et aimeraient mieux QUE DES INNOCENS MARCHASSENT A L'ÉCHAFFAUD que de subir l'humiliation de convenir que l'erreur a, seule , formé leur premier jugement. »

Page 153. « Ici commence *le plus épouvantable ramas de sottises humaines,* qu'ait jamais pu produire le cerveau désorganisé d'un imposteur mal-à-droit. *Il n'y a pas un mot qui ne sente le mensonge. Il n'y a pas un fait qui n'arrache une exclamation sur son impossibilité,* en le jugeant par les règles ordinaires. *Tout est comme tout doit être dans un roman.* »

Page 157. « *Et voilà les fables qu'il nous faut croire* ! Et VOILA LES FABLES A L'AIDE DESQUELLES SIX INNOCENS ONT ÉTÉ JETÉS DANS LES CACHOTS . . . . Et *voilà les fables qui ont été l'occasion d'une instruction criminelle.* . . . .
. . . . »

» L'EMBARRAS N'EST PAS ICI DE TROUVER DES ABSURDITÉS ; IL
EST DE LES CHOISIR. »

Voilà comment Mᵉ. Bellart, avocat, discutait les actes des pro-
cureurs-généraux de cette époque.

Je viens maintenant au second passage attaqué dans ma requête,
et tel que je l'ai également rétabli.

SECOND PASSAGE.

Page 7. « Mais ce que peu de personnes ont pu comprendre
jusqu'à ce jour, c'est que les excès de cette même révolution, ces
alternatives de faiblesse ou de férocité, d'anarchie ou de despotisme, avaient leur source profonde dans l'institution de l'ancienne
monarchie, dans cet état de choses, où il n'existait aucune garantie vraiment légale aux citoyens, où le système des priviléges et
des exclusions constituaient les diverses classes de la société en guerre
perpétuelle, où les droits et les devoirs ne pouvaient ainsi reposer
sur aucune base certaine.»

Si je ne me trompe, le grief porte ici sur ce que j'aurai *calomnié*
l'ancien régime. Comment, me dira-t-on, sans doute, avez-vous
pu accuser *cet heureux temps* de n'être qu'un temps de despotisme ?
Comment avez-vous pu dire qu'on ne connaissait alors aucune base
véritable de liberté, de droits et de devoirs ?..... Dans cette cir-
constance, c'est encore Mᵉ. Bellart que je prendrai pour défenseur.

Dans un volume intitulé : *Procès instruit par le tribunal criminel de la Seine, contre les nommés Saint-Rejant, Carbon et
autres, prévenus de conspiration contre la vie du premier con-
sul,* etc., imprimé à Paris en floréal an 9, de l'imprimerie de la
République, se trouve un plaidoyer du *citoyen Bellart,* pour Adé-
laïde-Marie Champion de Cicé. Il est bon de remarquer, avant de
faire ma citation, qu'à cette époque, on était déjà bien revenu de
la terreur révolutionnaire, et qu'alors, loin de prôner les excès de
la révolution, l'on attaquait déjà de toutes parts jusqu'à ses principes et ses effets les plus salutaires. Rien n'aura donc pu contraindre
le *citoyen Bellart* à énoncer une opinion dont il n'aurait pas été
intimement pénétré.

Or, page 115, voici comment il s'exprime : — « Son second frère

était Jérôme de Cicé, ci-devant archevêque ; Jérôme de Cicé (qu'il
soit permis à sa sœur malheureuse de rappeler sans faste *ce souve-*
nir consolateur !) Jérôme de Cicé , le premier prélat qui ait voté
pour la vérification des pouvoirs en commun, le premier prélat
qui, malgré *les préjugés* dont il était assiégé , s'était déclaré *pour*
la réunion au tiers-état ; le premier prélat qui, dans cette solen-
nelle journée , où SE FONDÈRENT LES BASES DE NOTRE LIBERTÉ, et
dans cette fameuse séance tenue au Jeu-de-Paume par le premier
corps législatif, alla jurer fidélité AUX DROITS DU PEUPLE ; le premier prélat qui, après le 14 juillet, et lorsqu'avait été donné le
signal de la guerre FAITE AU DESPOTISME , mérita d'être appelé au
ministère. »

Je le demande maintenant, M^e. Bellart, en présentant comme
méritoire la conduite du prélat, qui, malgré *les préjugés* dont il
était assiégé, se déclara pour la mesure la plus décisive qu'on ait
pu prendre contre l'ancien régime, n'approuve-t-il pas la chûte de
ce régime, et par cela seul, n'en fait-il pas la critique la plus complète ? Mais il y a plus, et lorsque dans la crainte qu'on s'y mé-
prenne , il a soin de dire que c'est dans la journée du Jeu-de-
Paume que se fondèrent *les bases de notre liberté* , que furent
reconnus *les droits du peuple*, enfin que la prise de la Bastille
avait été une déclaration de guerre *au despotisme* , n'est-ce pas
dire qu'avant la révolution, *les bases de la liberté n'étaient point*
fondées , que les *droits du peuple étaient méconnus*, enfin que
l'ancien gouvernement n'était autre chose que le despotisme
constitué ?. . . .

Voici donc encore un passage de ma requête entièrement justifié par une autorité irrécusable.

J'arrive au passage, qui est le troisième dans leur ordre complet,
mais le premier dans l'arrêté du conseil.

TROISIÈME PASSAGE.

Pag. 8. « On compara la charte avec les lois invoquées par les
oppresseurs, et l'on vit que l'application de ces lois était tout-à-fait
incompatible avec les bienfaits de la loi fondamentale. On vit, avec
une terreur mêlée de honte, que , sous un régime appelé *constitu-*
tionnel, et dont les agens avaient sans cesse à la bouche les mots

sacrés d'ordre et de justice, ces mêmes agens n'avaient pas rougi d'accumuler contre les citoyens les souillures de toutes les époques désastreuses, et les erremens absurdes du pouvoir absolu, et les combinaisons perfides du plus cruel machiavélisme, et les atrocités de toutes les terreurs révolutionnaires. »

Voyons si je ne trouverai pas encore, dans l'un des deux orateurs que j'ai déjà cités, quelques passages qui justifient celui que je viens de transcrire.

Dans le mémoire ci-dessus cité, de Mᵉ. Couture, on lit, *pag.* 7 : « *Depuis que l'indépendance est dans le discours*, LA SERVITUDE EST DANS LE FAIT. »

Pag. 20. « Enfin, après *quarante jours de la plus affreuse torture.* »

Pag. 21. « Puisse enfin la législature française reconnaître que, dans les formes actuelles de la procédure criminelle, *la vie des citoyens est à la merci d'un porte-clef ! ! !* »

Enfin, *pag.* 35, il faut revoir ce passage déjà cité. Et voilà pourquoi *l'on nous retient depuis plus de trois mois dans les fers, sous le poids d'une instruction* qui nous poursuit *de chimères en chimères, de monstruosités en monstruosités !* Et voilà ce qui justifie les plus *éclatantes diffamations*, LES PLUS EFFROYABLES TORTURES !

Certes, tous ces passages justifient bien complètement cette idée que, bien que nous soyons sous un régime *appelé constitutionnel*, et *dont les agens ont sans cesse à la bouche les mots d'ordre et de justice*, ces mêmes agens n'en sont pas moins disposés *à suivre les erremens du pouvoir absolu.*

Il faut voir ensuite avec quelle force et quelle étendue l'auteur du mémoire cherche à démontrer cette proposition de ma requête, qu'on ne craint pas aujourd'hui d'employer *les combinaisons perfides du machiavélisme.*

Il est impossible de citer à cet égard ; car il faudrait transcrire sept ou huit pages du mémoire de Mˢ. Couture. En effet, les *pag.* 8, 9, 10, 11, 12, 13, 14, 15 et 16, sont toutes consacrées à dévoiler les indignes manœuvres que, dans cette procédure, les agens de la

poursuite auraient employées pour *donner à cette fatale conspira-*
tion une apparence de réalité, pour *égarer l'opinion de l'Eu-*
rope entière, et pour *sacrifier les plus fidèles serviteurs du*
monarque.

Passons aux 4ᵉ., 5ᵉ. et 7ᵉ. passages de ma requête. Il faut absolument les réunir, parce qu'ils renferment respectivement des idées
corrélatives.

4ᵉ., 5ᵉ. et 7ᵉ. PASSAGES.

Pag. 14. « Le conseil d'état n'a aucune existence *légale* parmi
nous. »

Pag. 15. « A cette époque seulement (29 juin 1814), le génie
des usurpations législatives, qui, véritable et unique conspirateur
de cette époque, nous amena les funestes événemens de 1815, ce
génie malfaisant sut, *par une simple ordonnance,* imaginer la
création d'un conseil du prince, à qui, sans autre forme, on donna
les attributions les plus étendues, les plus exorbitantes... Mais ce
qui fut vraiment déplorable, c'est que cette ordonnance cachait un
piége, sous l'apparence d'un retour à la légitimité. »

Pag. 19. « Les exposans ne peuvent terminer leur requête, sans
attaquer une erreur plus fondamentale, et d'autant plus funeste
que, subversive de toute liberté constitutionnelle, elle semble
malheureusement consacrée par l'assentiment de quelques hommes
recommandables. Cette erreur est le palladium de tous les abus, de
toutes les injustices. On l'oppose, avec un succès désespérant, à
toutes les réclamations des citoyens ; elle consiste à soutenir que,
dès l'instant qu'une *ordonnance* existe, *quelque contraire qu'elle*
soit aux lois, OBÉISSANCE LUI EST DUE, jusqu'à ce qu'on l'ait fait
réformer par l'autorité législative. »

Pour cette fois, je ne chercherai point mes autorités justificatives
parmi les orateurs du barreau : ce sera dans une région plus élevée,
parmi les orateurs de la tribune législative. Qu'on ne s'effraie point
toutefois, ce ne sera point dans les rangs de l'opposition *libérale*
que je choisirai mon défenseur.

Dans la séance de la Chambre des députés, du 27 mai 1819,
rapportée au supplément du Moniteur du 29, colonne première,

M. *de Corbière*, voulant montrer les contradictions du commissaire du Roi, lorsqu'il a prétendu que le conseil d'état était légalement constitué, s'exprime ainsi : « Mais, en maintenant les lois
existantes, quel est le conseil que la charte avait maintenu ? quel
est celui que les lois postérieures ont reconnu ? Certainement c'est
celui qui existait sous le gouvernement impérial. POUR EN ÉTABLIR
UN AUTRE, IL FALLAIT BIEN CERTAINEMENT UNE LOI, et l'on nous
cite DEUX ORDONNANCES SUCCESSIVES qui ont établi un conseil tout
différent du premier. Ainsi, dans la première partie du discours
de M. le commissaire du Roi, il est dit que le conseil d'état était
légal, en vertu de LA CHARTE ET DES LOIS existantes ; et dans la
seconde partie, on dit que des ORDONNANCES en ont établi un dans
un système tout nouveau. »

On voit ici, bien positivement, que M. de Corbière pense, ainsi
que moi, *qu'une loi seule* pouvait établir ou modifier *le conseil
d'état*, et qu'une *ordonnance* ne peut suffire à cet égard ; qu'en
conséquence, le conseil d'état actuel, qui ne fut institué que par
des *ordonnances*, n'a point d'existence *légale* parmi nous.

On voit en outre, par cette opposition deux fois répétée, *des
lois* et des *ordonnances*, quelle différence essentielle l'orateur met
entre ces deux espèces d'actes. Cette différence est telle à ses yeux,
que la loi seule peut donner le caractère de *légalité*; d'où l'on doit
conclure *qu'aucune obéissance n'est due* à une simple *ordonnance*, lorsqu'elle est contraire *à la loi;* car personne ne prétendra
sans doute qu'on doive obéir à une illégalité.

Passons aux 6e., 8e. et 9e. passages, qu'il est encore nécessaire
de réunir.

6e., 8e. et 9e. PASSAGES.

Pag. 16. « On ne sait si l'on doit le plus gémir de la funeste
facilité des agens du pouvoir exécutif à empiéter sur les autres
pouvoirs, ou de celle, plus funeste encore, des citoyens à souffrir
sans murmure de telles usurpations. »

Pag. 21. « Comment n'a-t-on point songé que c'est le gouvernement, le ministère lui-même, qui a tout à-la-fois l'initiative et
le véto des lois ? Or, puisque c'est un de ses actes qu'il s'agit alors

5.

de réformer, comment concevoir que le ministère y consente ? Et si, comme on doit le présumer, il refuse de proposer la loi réparatrice, n'est-il pas évident que le mal doit exister éternellement, à moins que les partisans de ce système ne veuillent indiquer pour dernier remède le terrible moyen de L'INSURRECTION ?.... »

Même pag. « En résistant aux révolutions progressives et douces, on force enfin les peuples à des révolutions soudaines, épouvantables. »

Deux reproches principaux semblent être adressés à ces passages : 1°. pour avoir soutenu qu'on ne pouvait exiger le recours à l'autorité législative pour empêcher la violation des lois de la part des agens du pouvoir, recours qui serait absolument dérisoire; 2°. d'avoir voulu insinuer des maximes de *rebellion*, D'INSURRECTION.

Je ferai voir, quand je m'occuperai de ma justification directe, combien cette dernière accusation est absurde ; en attendant, je vais présenter mes autorités sur l'une et sur l'autre partie de ces passages.

M. de Corbière vient encore à mon secours sur la première partie.

Dans la séance du 1er. juin 1819, rapportée au Moniteur du 3, page 2, colonne 3, lors de la discussion de la loi sur les servitudes pour le curage et la réparation des fossés sur les grandes routes, ce député dit : « Je suis loin d'être frappé, comme l'orateur (M. Pasquier), du danger de toucher à la législation existante sur l'objet dont il s'agit. On a rappelé les anciens édits, que le décret de 1811 a remis en vigueur, et on distingue entre une servitude personnelle et une servitude matérielle ; mais qu'importe la servitude, *si elle est contraire à la charte*, si elle est *contraire à la législation de 1789*. . . . La législation de 1789 a si bien aboli cette servitude, qu'à dater de cette époque jusqu'à 1811, personne ne l'a acquittée, et qu'aucune administration départementale n'a eu l'idée de la faire revivre. *Le décret de 1811 est un abus de pouvoir comme il y en eut tant d'autres*; il n'était point conforme à la législation des temps ; il a créé une servitude que cette législation avait abolie ; *la charte a remis les choses en état ;* TOUT EST DÉCIDÉ AUJOURD'HUI COMME CELA L'ÉTAIT EN 1789.

Un autre orateur, non moins recommandable, vient encore à l'appui de ce système. M. de Villèle, dans la même séance, s'exprime ainsi : « Le préopinant, et tous ceux qui l'ont précédé, ont posé en fait ce qui précisément est révoqué en doute, ce qui est l'objet de la discussion. ILS PRÉTENDENT *que l'on ne peut abroger la légis-lation existante que par une proposition nouvelle*, ce qui suppose que cette législation existe. Or, c'est précisément ce qui est en ques-tion, et pour moi, je pense qu'elle n'existe pas, *qu'elle a été abro-gée par la charte.* »

Dans la séance du 24 mai, rapportée au Moniteur du 26, deuxième colonne du supplément, lors de la proposition d'un ar-ticle du budget, par lequel on voulait assurer l'exécution d'une loi précédente, M. de Villèle avait dit d'une manière encore plus po-sitive : « *Je ne comprends pas en effet QUE VOUS PUISSIEZ DIRE PAR UNE LOI QU'UNE AUTRE LOI SERA EXÉCUTÉE.*»

Je passe maintenant à la seconde partie des reproches adressés aux passages 6, 8 et 9; et, revenant aux orateurs du barreau, j'ai encore le bonheur d'avoir une autorité consolante dans Me. Cou-ture. Je trouve dans le mémoire précité, page 35, des phrases bien remarquables.

Me. Couture n'est point un rêve creux comme l'auteur de la re-quête contre M. Donadieu. Il ne s'amuse point à des réflexions prétendues philosophiques; il ne perd point son temps à dire, *en général*, qu'il est fâcheux que les agens du pouvoir exécutif aient tant de facilité à empiéter sur les autres pouvoirs, et les citoyens à s'y soumettre en silence. Il ne perd point son temps à dire, *d'une manière générale*, que si l'on ne renonce à un mauvais régime, le mal finira par devenir sans remède, et qu'alors *il est à craindre* qu'on ne force les peuples *à l'insurrection.*

Oh ! qu'il sait bien mieux aller droit à son but *!* tout est spécial et déterminé dans le mémoire de Me. Couture. Il nous dit bien po-sitivement, ou plutôt, il le dit AU MONDE ENTIER, que *si ce genre inouï d'oppression n'est pas réprimé* (c'est-à-dire, si ses cliens ne sortent pas vîte de prison, ces illustres cliens, dont le chef, M. Ca-nuel, avait fait emprisonner et exécuter tant de monde), tout est bouleversé en France, que L'ARBITRAIRE N'Y A PLUS DE BORNES, L'INNNOCENCE PLUS D'APPUI, LA LOI PLUS DE POUVOIR, QU'ENFIN IL N'Y A PLUS DE JUSTICE ! De bonne foi, que sont mes expressions auprès d'expressions aussi énergiques? Peut-on pousser un cri d'alarme d'une manière plus directe et plus éclatante?

Enfin j'arrive au dixième et dernier passage incriminé de ma requête.

Pages 22 et 23. « C'est ici que les exposans termineront leur pénible carrière. Malgré l'empire des opinions qu'ils combattent, malgré l'audace de leurs adversaires, ils n'ont point encore perdu toute espérance. Ils savent trop, il est vrai, que ces hommes cruels sont protégés PAR UNE MAIN INVISIBLE ET PUISSANTE. Mais un jour arrive où LE DOIGT D'EN HAUT S'APPESANTIT ENFIN SUR LES TÊTES LES PLUS SUPERBES, où la lumière de vérité pénètre jusque dans les dernières profondeurs du crime. Alors il n'est plus de réfuge pour les scélérats ; L'ENCEINTE DES PALAIS CESSE DE LES COUVRIR DE SON OMBRE. C'EST ALORS QU'UN DIEU VENGEUR LES POURSUIT, ET QU'IL SAIT ENFIN LES ATTEINDRE. »

Ce passage, quoique l'anathème ait été prononcé en masse, présente au moins deux motifs principaux de blâme : d'abord, la supposition que des criminels soient en France *protégés par une main invisible et puissante* ; en second lieu, que malgré cette protection, malgré le refuge qu'ils peuvent trouver *dans l'enceinte des palais*, un jour arrive *où le doigt d'en haut s'appésantit enfin sur leurs têtes superbes.*

Sur la première de ces propositions, c'est encore M. Couture qui va me tendre une main secourable. Cette fois, ce ne sont plus des pensées analogues que je puis extraire de son mémoire, ce sont des expressions presque indentiques.

Après avoir, dans les premières pages, parlé des obstacles que ses cliens éprouvent à obtenir justice, et notamment du retard que met le juge d'instruction à manifester son opinion, il dit en propres termes, page 6, lignes 9 et suivantes : « Quelle est donc cette PUISSANCE INCONNUE qui en arrête la manifestation : quelle est cette FORCE INVIISIBE qui pèse sur certaines affaires et *compromet au-dedans*, comme au-dehors de la France, *la dignité, naguère si vantée de l'ordre judiciaire*, antique palladium de nos libertés. Voilà, je l'espère, une conformité bien frappante sur ce premier point.

Quant à la seconde proposition du dernier passage, plus mon

crime semble grand aux yeux de mes accusateurs, et plus je dois m'élever dans une région supérieure, pour chercher des exemples justificatifs. Aussi, quitterai-je un instant la littérature profane pour puiser jusque dans les auteurs sacrés. Ici, toutes les petites considérations disparaissent. Aucune récusation ne pourrait s'exercer; il ne peut être question d'esprit de parti ni d'erreur même.

Dans l'Eclésiaste de Salomon (8°. Paris, 1701, page 164, chap. 8), on lit d'abord au verset 11 : *etenim, quià non profectur citò contra malos sententia absque timore nullo filii hominum perpetrant mala :* « car, parce que la sentence ne se prononce pas sitôt contre les méchans, les enfans des hommes commettent le crime sans aucune crainte. »—Mais au verset 18 du même chap., l'auteur sacré se prononce ainsi contre les méchans : « *Non sit bonum impio, nec prolongentur dies ejus, sed quasi umbra transeant qui non timent faciens domini.* »—« Que les méchans ne réussissent point, que les jours de leur vie ne soient pas longs, et que ceux qui ne craignent pas la face du Seigneur *passent comme l'ombre.* »

Le pseaume 1er. contient un anathème plus sévère encore. *Non sic, impii non sic, sed tanquam pulvis quem projicit ventus à facie terræ* »— « Les méchans ne prospéreront pas, mais ils SERONT CONFONDUS COMME LA POUSSIÈRE QUE LE VENT ENLÈVE DE LA FACE DE LA TERRE. »

Enfin, Saint-Paul (aux Éphésiens, chap. 5., n°. 12); Saint-Paul, le prince des apôtres, fait à ses auditeurs la recommandation suivante : « *Quoniam non est nobis colluctatio adversus carnem et sanguinem, sed aversus principes et protestates, adversus rectores mondi...* »—« Car nous avons à combattre, non des hommes de chair et de sang, mais CONTRE LES PRINCIPAUTÉS, CONTRE LES PRINCES DU MONDE... »

On voit que saint Paul ne se borne point à énoncer un vœu, mais qu'il commande une obligation. Il ne se contente point d'accuser *l'enceinte des palais*, d'accorder un refuge aux scélérats, mais il ordonne de combattre ceux qui les habitent, c'est-à-dire *les principautés et les princes du monde ! ! !*

Je viens de terminer la première partie de ma défense, et je me flatte qu'elle ne saurait être plus complète : en effet, pour ne point mêler davantage le profane au sacré, je puis me borner à dire que toutes mes doctrines, et la plupart de mes expressions même sont entièrement justifiées par les autorités les plus irrécusables. Je suis désormais couvert de l'égide des Bellart, des de Sèze, des Couture, des Corbière et des Villèle! Que pourrais-je donc avoir à craindre?

Un sort bien différent semble, il est vrai, nous être réservé. M^e. Couture est membre du conseil de discipline, M. de Sèze est conseiller à la cour, M. Bellart est procureur général et conseiller d'état; enfin, MM. Villèle et Corbière sont justement regardés, dans une des chambres législatives, comme les plus dignes soutiens de la monarchie et de la légitimité! . . Et moi! si l'on en croit mes impitoyables censeurs, réduit au-dessous de la condition de simple citoyen, privé de l'exercice de ma profession, je ne suis qu'un ennemi du prince légitime, *un séditieux, un révolutionnaire, un désorganisateur !....*

Cependant, je suis loin d'être accablé sous la rigueur passagère de ma destinée. La fortune n'est pas toujours aveugle, et tôt ou tard la justice reprend ses droits. Qui sait, par exembe, si, bientôt M. le procureur-général Bellart ne me nommera point à mon tour membre du conseil de discipline; qui sait si bientôt encore je ne serai point nommé procureur général, conseiller d'état, et ministre peut-être?

Mais quittons un langage trop peu grave; toutefois, disons que cette partie de ma défense ne pouvait être autrement présentée. Il est des systèmes qu'on ne devrait combattre qu'avec le fouet du ridicule. Et d'ailleurs, le parallèle que je viens de présenter ne peut-il donc faire naître aucune réflexion sérieuse? Lorsqu'on voit une telle différence de résultats pour des actions semblables, ne peut-on pas se dire avec douleur qu'il est des temps malheureux où les passions seules font pencher la balance de la justice; et qu'il est aussi des hommes que l'esprit de parti conduit trop souvent aux inconséquences les plus bizarres ou les plus funestes?

Il est temps d'aborder ma justification directe, fondée uniquement sur des raisonnemens et des principes. Je pourrais me borner

à peu de développemens ultérieurs, même sous le rapport des questions d'intérêt public , que j'ai pu déjà traiter dans le cours de ce
mémoire ; mais la censure exercée sur les passages de ma requête ,
semble surtout dirigée contre les principes que j'ai professés, ou
dont j'ai fait l'application ; et comme je persiste à les croire tous légitimes , je dois encore consacrer quelques soins à leur défense.

Une observation générale se présente ; elle se reproduira plusieurs fois dans le cours de cette nouvelle discussion ; c'est que
malheureusement bien peu d'hommes, parmi-nous, possèdent
complètement les idées qu'exige notre nouvel ordre politique ;
c'est une suite trop naturelle des violentes commotions que nous
avons éprouvées, des nombreux systèmes dont nous avons dû faire
l'expérience successive. Mais si cette dernière réflexion doit amener
l'indulgence, elle nous commande aussi de combattre avec persévé-
rance des erreurs trop répandues , et d'établir sur une base solide
les maximes qui doivent désormais nous régir.

Le premier passage , incriminé dans mon écrit, offre un exemple frappant de la disposition que je viens d'indiquer. On me fait
sans doute un crime d'avoir osé critiquer la prétention d'un magistrat , de M. le procureur du Roi près le tribunal de la Seine , et
surtout d'avoir signalé cette prétention comme tenant à un système
de despotisme. Mes accusateurs prouvent par là, qu'ils ignorent
les plus simples élémens du régime constitutionnel, et même les
lois positives qui règlent l'usage de la presse.

Un régime constitutionnel, ou une monarchie tempérée, ne peut
exister sans un système *complet* de responsabilité de tous les agens
du pouvoir. L'inviolabilité même du monarque, ce dogme fondamental d'un tel gouvernement, ne peut avoir de sanction sans
cette garantie préalable. C'est l'impunité seule des agens secon-
daires du pouvoir qui amène la chûte des rois. Leurs vrais ennemis sont leurs agens oppresseurs ou infidèles. Il importe donc à
l'intérêt des rois, plus encore peut-être qu'à celui des peuples, que
cette garantie ne soit pas illusoire.

Mais, pour y parvenir, il faut absolument qu'il existe une entière
liberté d'examiner les actes, les principes des fonctionnaires pu-
blics. La seule limite qu'on puisse opposer à ce droit, c'est la limite de la vérité. Les auteurs de la loi du 26 mai 1819 étaient bien
pénétrés de l'importance de ce principe, lorsqu'interdisant aux

accusés en diffamation, la faculté de prouver les faits imputés à de simples particuliers, ils ont accordé ce droit exclusivement pour les faits imputés aux agens de l'autorité.

Le conseil de discipline ne pouvait donc se borner à transcrire le passage dont il s'agit, pour le désigner comme un corps de délit; il devait encore démontrer la fausseté de l'imputation faite à M. le procureur du Roi, ou du moins me mettre en demeure de la justifier moi-même. Jusques là je suis inattaquable. Mais combien ne pourrais-je point ajouter aux argumens que j'ai déjà présentés dans ma requête ! que d'attentats divers aux lois, aux principes, à la justice, ne pourrait point comporter le refus de poursuivre les coupables que j'ai signalés aux ministère public ! J'ai donc fait preuve d'une grande modération, lorsque je n'ai imputé ce déni de justice qu'à l'adoption d'un faux système.

Le second grief qu'on m'impute serait d'avoir *calomnié* l'ancienne monarchie, en prétendant qu'il n'existait alors aucune garantie *vraiment légale pour les citoyens*, ni aucune *bases certaines des droits et devoirs*.

C'est en général une assez mauvaise méthode que de détacher quelques morceaux isolés d'un écrit pour en faire la critique. Par exemple, en cette occasion, l'on pourrait penser, d'après le seul passage cité dans l'arrêté du conseil de discipline, que, plein d'une injuste prévention contre les institutions anciennes, et épris d'une aveugle admiration pour les époques modernes, je n'ai prodigué les éloges à ces derniers, que pour déverser exclusivement le blâme sur celles qui les avaient précédées; il suffira, pour rétablir ma pensée dans son vrai jour, de transcrire tout entier l'alinéa d'où le passage cité est extrait.

« Lorsqu'en 1814, la Charte fut publiée, les malheurs, qu'elle semblait devoir réparer, n'avaient point uniquement leur origine dans le gouvernement qui venait de tomber. Le mal venait de plus loin ; en effet, l'on conviendra facilement que nos habitudes de servilité, *développées sous l'empire avec une si fatale complaisance*, AVAIENT PRIS NAISSANCE OU CONTRACTÉ DE NOUVELLES FORCES DANS LA TERREUR RÉVOLUTIONNAIRE (1) ; mais ce

---

(1) C'est ici seulement que commence la citation dans l'arrêté du conseil de discipline.

que peu de personnes ont pu comprendre jusqu'à ee jour, c'est
que les excès de cette même révolution , ces alternatives de
faiblesse ou de férocité , d'anarchie ou de despotisme , avaient
leur source profonde *dans l'institution même de l'ancienne mo-*
narchie, dans cet état de choses où il n'existait *aucune garantie*
vraiment légale aux citoyens, où le système des priviléges et des
exclusions , constituait les diverses classes de la société en guerre
perpétuelle , où les droits et les devoirs ne pouvaient ainsi reposer
sur aucune base certaine (1). »

» Il n'est donc pas étonnant qu'en 1814 la Charte *n'ait pas été*
généralement comprise, et que les agens du pouvoir , au lieu de
chercher à la consolider , l'aient souvent violée ou méconnue, en
invoquant les lois anciennes les plus contraires aux dispositions de
ce nouveau pacte. On doit même peu s'étonner que les citoyens
n'aient point d'abord réclamé contre ces violations. *Citoyens et*
fonctionnaires, *presque tous avaient les mêmes préjugés , la*
même ignorance des vrais pricipes sociaux , la même habitude
d'une soumission aveugle au pouvoir. »

Le morceau , ainsi rétabli , avec ce qui précède et ce qui suit ,
prouve deux choses , qui me sont également avantageuses ; l'une ,
que je sais apercevoir et réprouver les excès de tous les régimes;
l'autre que , malgré les maux que j'attribue aux agens du pouvoir ,
je cherche encore à les excuser , à imputer leurs torts à la seule
fatalité des choses.

Serai-je maintenant réduit à justifier ma proposition principale ,
quant à l'influence funeste des vices de l'ancien régime sur les excès de la révolution française ? Voyez ce peuple anglais , qui , du
moins, jouit de l'ombre d'un gouvernement libre , chez qui du
moins les grands principes sociaux furent dès long-temps pro-
clamés ; voyez ce peuple , dont les charges publiques , par le plus
inoui des systèmes , sont vingt-fois plus lourdes que celles de tous
les peuples esclaves réunis ; ce peuple qui ne doit à ses gouver-
nans actuels que la profusion de ses trésors et de son sang ; qui ,
depuis trente ans, n'a cessé de réclamer vainement par toutes les
voies légales , la réforme des abus les plus intolérables ; voyez-le à

(1) C'est ici que finit la citation dans l'arrêté du conseil.

Smithfield, au moment même où il déclare que le pacte social va
se déchirer, si les tyrans ne cessent enfin d'appesantir sa chaîne ;
voyez avec quel calme, avec quelle dignité, avec quelle soumission pour la loi expirante, ce peuple sait prononcer le premier cri
de l'insurrection !. . . .

Est-ce ainsi qu'une nation, dès long-temps avilie par la priva-
tion de tout exercice de ses droits; est-ce ainsi qu'une nation,
courbée sous le joug des priviléges ou du pouvoir absolu; est-ce
ainsi qu'une telle nation, sentant enfin sa force, s'adresserait à
ses oppresseurs ?. . . Non ! la populace romaine s'unit aux gardes
prétoriennes pour massacrer cent empereurs ; la populace de Cons-
tantinople ou d'Alger seconde la révolte des janissaires pour pil-
ler l'habitant paisible ; l'Affricain révolté porte dans nos colonies
le fer et la flamme. . . . et sur notre malheureux sol, l'esclave dé-
chaîné de 1793. . . . Je m'arrête ! . . . O France ! oh ! ma triste
patrie ! faut-il que je sois contraint à rappeler tes malheurs, et
les crimes de tes enfans, pour prouver l'influence désastreuse d'un
long esclavage sur l'aurore de la liberté ?. . . Ah ! puissent du
moins ces douloureux souvenirs produire de salutaires effets ! S'il
est dans la fatalité que les plus terribles leçons soient perdues pour
les chefs des peuples, n'imitons pas, ô Français ! ô mes concitoyens ! n'imitons pas cet aveuglement funeste. Puissions-nous ne
plus oublier que le triomphe de la violence ne dure qu'un instant, que l'anarchie ramène le despotisme, que le retour des tyrans
est cruel ! Puissions-nous enfin né plus oublier que les peuples
justes et généreux sont les seules dignes de la liberté ! . . .

Le troisième grief qu'on élève contre moi, rentre, à beaucoup
d'égards, dans le premier ; il porte sur ce que j'accuse les agens de
l'autorité d'avoir, en 1815 ; en 1816, malgré leurs protestations
continuelles d'amour de l'ordre et de la justice, accumulé
contre les citoyens *les souillures de toutes les époques désastreu-*
ses, et les erremens absurdes du pouvoir absolu, et les *combinai-*
son's perfides du plus cruel machiavélisme, et les *atrocités de*
toutes les terreurs révolutionnaires.

Je pourrais, à la rigueur, me justifier en disant que je n'ai fait
aucune imputation particulière ; que j'ai pu me tromper sur une
observation générale, purement historique, et qu'on ne peut dans
une erreur trouver la base d'une accusation. Mais plût au ciel

que je fusse, à cet égard, dans l'erreur la plus profonde ! Avec quels transports j'en ferais le consolant aveu ! Eh quoi ! faudra-t-il donc sans cesse prouver l'évidence ? En quel moment voudrait-on nier les excès et les crimes de cette époque ? Quoi ! lorsque le souvenir de cette terreur récente glace encore d'effroi ; lorsque c'est un crime encore de réclamer le retour des proscrits ; lorsque l'invocation des lois est appelé cri de sédition ; lorsque le sang fume encore et n'est point vengé par le glaive de la justice ; quoi ! lorsque les délateurs, les bourreaux se partagent les honneurs et la puissance ; lorsque les assassins impunis lèvent une tête menaçante; lorsqu'au sein même, et du corps judiciaire, et de l'ordre protecteur des oprimés, ils trouvent encore un aveugle appui contre les défenseurs de leurs victimes !. . .

Les 4ᵉ., 5ᵉ. et 7ᵉ. passages, extraits de ma requête, forment le quatrième chef d'accusation.

Trois pensées dominantes dans ces passages ont sans doute fixé l'attention de mes censeurs : 1°. Le conseil d'état est une institution *illégale*; 2°. le génie des *usurpations* législatives fut en 1814 l'*unique conspirateur* qui nous amena les funestes événemens de 1815 ; 3°. une ordonnance *contraire aux lois* est un acte illégal, et *aucune obéissance ne lui est due*. Je dois répondre sur ces trois propositions.

Sur la première, je ne puis me refuser à une observation assez singulière. Comment se fait-il que MM. du conseil de discipline se constituent juges *souverains* d'une question qui n'est point encore décidée dans le sein de la chambre des députés ? N'est-ce point aller au-delà de leurs attributions légitimes ? Qu'auraient-ils à répondre si les chambres législatives prenaient le parti de les censurer à leur tour ?

Pour moi, je ne répéterai point tout ce que j'ai dit, dans ma requête au garde des sceaux, sur le défaut de légalité du conseil d'état. Je crois avoir démontré la vérité de cette proposition d'une manière irrésistible, et c'est là peut-être tout mon crime. Pour que j'eusse à me justifier positivement sur ce point, il faudrait qu'on eût au moins, par un seul mot, porté atteinte à la justesse de mes raisonnemens. Mais puisqu'on n'a point jugé à propos de suivre cette méthode, je puis à mon tour me borner à soutenir que l'illégalité du conseil d'état est manifeste ; qu'en outre, cette institution, telle qu'elle est, menace à elle seule toutes nos libertés et tous les principes du gouvernement constitutionnel. Un homme des plus recommandables de France, mais que je n'ose ici nommer sans son aveu, m'écrivait à ce sujet : « Avec l'existence d'un conseil d'état (tel que nous concevons ce corps), toute charte est absolument illusoire. *Je suis si convaincu de ce dernier point*, que je réduirais, pour ainsi dire, la décision de toutes les affaires de ce temps à la solution de cette question : « *La charte détruira-t-elle le conseil d'état, ou le conseil d'état détruira-t-il la charte* ? » Cette pensée renferme un sens profond. Lors même que les membres de ce corps seraient *de simples conseillers* du monarque, lors même qu'ils n'auraient aucune attribution *judiciaire* ni *législative*, leur seule qualité de *conseillers en titre*, séparément du ministère, les rendrait infiniment dangereux, surtout si l'on avait soin d'en choisir un grand nombre parmi les ministres ou chefs d'administration disgraciés. On devrait craindre, avec trop de raison, que ce conseil ne fût un vrai ministère dans le ministère, et que sa principale fonction ne fût d'entretenir sans cesse auprès du prince un foyer d'intrigues anti-constitutionnel. Mais que ne devrait-on pas redouter, si, comme parmi nous, le conseil d'état, constitué en véritable autorité publique, et composé d'hommes révocables à volonté, d'hommes entièrement à la disposition du pouvoir, avait une foule d'attributions *judiciaires*, et surtout la redoutable attribution souveraine des *conflits?* Avec ce seul pouvoir de décider entre les tribunaux et l'administration, pouvoir dont on n'a point assez calculé les conséquences infinies, toutes nos institutions sont menacées ; les chambres législatives elles-mêmes doivent tôt ou tard succomber devant ce corps redoutable, le gouvernement tout entier doit enfin passer dans les mains du conseil d'état. Je ne crois pas devoir insister davantage sur ce premier point, qui me semble assez démontré, et par le raisonnement, et par une expérience trop récente.

En second lieu, j'ai accusé le génie des *usurpations* législatives d'avoir amené les événemens de 1815. Mais voudrait-on sérieusement me contester cette observation purement historique ?

Qu'on jette les yeux sur le Moniteur de cette époque, on y verra une succession effrayante d'ordonnances violatrices de toutes les lois. Il serait trop long de les énumérer ; toutes les branches de l'administration publique en furent infectées ; aucune institution ne resta sans atteinte. L'édifice de la charte, qui s'élevait à peine, fut à l'instant même attaqué dans toutes ses bases par les hommes que le prince avait chargé de la consolider. Plus tard, il a reconnu lui-même cette triste vérité : *mon gouvernement a fait des fautes*, a-t-il dit dans la proclamation de *Cambrai* ; et dans ce moment plus critique encore, en mars 1815, à l'approche de l'usurpateur, rappelons-nous *le serment de fidélité à la charte*, prêté par les membres de la Famille royale, et sur les ordres du Roi.... Quel aveu profond dans une telle solennité !

Troisièmement, j'ai dit qu'on ne devait aucune obéissance à une ordonnance royale *contraire aux lois*. Si telle est la *provocation* dont m'accuse le conseil de discipline, je conviens que je suis très-coupable, et que j'ai fortement l'intention de l'être encore. Oui, je répéterai sans cesse, et je voudrais que tout Français en fût pénétré ; je répéterai sans cesse qu'on ne doit obéir à *aucune espèce* d'acte contraire à la loi. Plus l'autorité dont émane un tel acte est respectable, et plus je m'efforcerais de proclamer le besoin de la résistance. Alors le crime de l'illégalité est bien plus grave, et ses conséquences plus funestes. C'est dans l'intérêt de la loi, véritable et unique souveraine de tout état bien constitué, que je défends mon système. C'est encore dans l'intérêt du monarque et celui même de ses agens ; car aucun pouvoir n'est solidement établi, s'il ne repose uniquement sur les lois. Si je voulais ici récriminer, ne pourrais-je accuser mes adversaires de violer eux-mêmes le serment de respect aux lois ? Commander l'obéissance à une ordonnance *illégale*, n'est-ce pas commander la désobéissance à la loi ? Il ne manquait à ce système, vraiment anti-social, vraiment désorganisateur, que de faire un crime au citoyen qui s'efforce de le combattre.

Mais je n'ai point dit ni insinué que la résistance aux actes illégaux dût être *violente* dans tous les cas. C'est une résistance *légale* que je ne cesserai de recommander aux citoyens. Dans quelques cas, il est vrai, l'on peut être obligé de repousser par la force une force illégale ; mais on ne doit recourir à ce moyen qu'à la dernière extrémité. Par exemple, on m'arrête, on me transfère dans un lieu de détention non désigné par la loi. Là, plongé dans le fond d'un cachot *privé*, ignoré de l'univers entier, je suis soumis à des tortures effroyables ; et bientôt le fer d'un assassin vient trancher ma vie.

Je le demande , si j'eusse pu prévoir un tel sort, aurais-je été criminel d'opposer la force à l'exécution d'un tel acte ?

Les passages 6 , 8 et 9 ont donné lieu au cinquième reproche du
conseil de discipline. On voudrait sans doute induire de ces passages, que j'excite le peuple à la révolte, à l'*insurrection*. Exami-
nons si ce reproche est mieux fondé que les précédens.

Serait-ce parce que j'ai appelé *funeste* la disposition des citoyens
à souffrir sans *murmure* les entreprises des agens du pouvoir exécutif sur les autres pouvoirs? Mais je viens de démontrer que la résistance légale était d'accord avec tous les intérêts légitimes. Et
d'ailleurs, dans le système du pouvoir absolu, qui paraît si cher à
mes censeurs, a-t-on jamais, si ce n'est de la part des plus horri-
bles tyrans, essayé d'interdire aux citoyens opprimés jusqu'au *murmure* de la douleur?

J'ai dit plus bas, qu'en repoussant les révolutions progressives et
douces, on forçait les peuples à des révolutions soudaines et épouvantables; et je venais de rendre la même idée ; quoique en termes
un peu différens, lorsque j'avais demandé si les gouvernemens qui
ne veulent pas donner des lois réparatrices, prétendaient trouver
un remède aux maux de l'Etat dans le terrible moyen de l'*insurrection*. Il faut convenir qu'il y a plus d'aveuglement que de mauvaise foi dans le reproche que l'on me fait; mais cet aveuglement
est bien étrange. Supposez un médecin, ou même un simple particulier qui, s'adressant à un convalescent, lui dise : « Vous avez
un mauvais régime : quoique votre santé soit encore chancelante,
vous ne cessez de vous livrer à l'intempérance et aux excès. Prenez-y
garde! si vous continuez ainsi, vous retomberez dans une maladie
plus cruelle peut-être que la précédente. Je ne sais, mais d'après
les notions ordinaires, il me semble qu'on regarderait cet avis
comme celui d'un ami véritable du convalescent, tandis que les
compagnons de ses folies ou de ses débauches seraient, à juste titre,
regardés comme ses plus dangereux ennemis. »

Je vais aborder la justification du 10e. et dernier passage incriminé dans ma requête. Je ne puis dissimuler que plusieurs personnes , dont j'honore le caractère et la raison , sans toutefois me
faire un crime capital de ce passage, m'ont déclaré qu'elles ne le
trouvaient point irréprochable. Je crois, par cet aveu, donner
une assez grande preuve de ma franchise ; mais je manquerais à ce

même sentiment, si je convenais d'avoir été convaincu par leurs représentations. Ce n'est point étourdiment que j'avais laissé subsister cet endroit de ma requête. Plusieurs nuits avaient passé sur le premier jet de ma plume ; si c'est une faute, elle est l'œuvre d'une réflexion persévérante.

D'abord, je ne crois point, en général, qu'on puisse exiger d'un homme, qui se plaint d'un délit et de son impunité, qu'il précise avec une rigueur mathématique, tout ce qui lui semble arrêter le cours de la justice. Il use d'un droit, et il satisfait à tous ses devoirs, lorsque, bien assuré de certaines circonstances générales, il les dénonce au magistrat. C'est ensuite au magistrat à rechercher les circonstances particulières, que la force seule de son autorité lui permet de préciser et de combattre. Ainsi, par exemple, on commet un vol à mon préjudice, et malgré la notoriété publique, malgré ma plainte, on ne fait aucune poursuite. Ne puis-je alors me plaindre de nouveau, et m'écrier que ce malfaiteur est protégé par une puissance quelconque ? Mais il y a plus : je l'ai vu fuir dans une certaine direction ; je le vois accueilli par les hommes d'une certaine classe, d'un certain lieu ; ne pourrais-je, même d'une manière indirecte, désigner et ces hommes et le lieu même ? L'autorité ne devra-t-elle pas, avec empressement, saisir ces premières données, et s'efforcer ensuite d'arriver avec plus de fruit aux désignations particulières ?

Eh bien ! ce qui serait permis pour un simple vol, sera-t-il donc interdit, lorsqu'il s'agit d'un des crimes les plus affreux, d'un assassinat commis au nom du prince, au nom du salut de la patrie, commis en abusant de tout ce qu'il y a de plus sacré parmi les hommes ? Quoi ! lorsque les meurtriers de nos époux, de nos frères, de nos fils restent impunis ; lorsqu'ils osent même nous menacer ; que dis-je ? lorsque, par une fatalité inconcevable, ils sont comblés d'honneurs et de pouvoirs ; lorsqu'on affecte de les présenter comme admis à la confiance intime et à la faveur des plus éminens personnages ; ne serait-il point permis de dénoncer au public et à l'autorité cette révoltante déviation de toute justice et de toute convenance sociale ? Qui pourroit donc légitimer une funeste différence ?...

Mais, dira-t-on, pourquoi se livrer à des allusions criminelles, à de perfides insinuations ? Je pourrais me borner à répondre que ceux-là seuls sont coupables qui fixent le sens de mes discours d'une manière plus positive que je ne l'ai fait moi même. Je pourrais, sans recourir à leurs interprétations, expliquer bien autrement ce que j'ai entendu par *cette main invisible et puissante*, devenue protectrice des scélérats. Je pourrais démontrer que, par cette expression entièrement figurée, j'ai voulu surtout désigner cette solidarité fatale des agens de la puissance, quel que soit leur ordre ou leur rang, qui les porte à protéger réciproquement l'impunité de leurs semblables, celle même de leurs plus cruels ennemis, dès qu'ils sont attaqués pour abus de la puissance. Ainsi, le nouveau ministre soutient le système oppressif ou dilapidateur de son devancier; ainsi, le ministre disgracié défend toutes les entreprises abusives de son successeur. Voilà, surtout, pourrais-je dire, voilà *cette main invisible et trop puissante* que j'ai voulu signaler, et qui soustrait chaque jour les plus grands criminels au glaive de la justice. Lorsqu'ensuite, quittant même toute forme spéciale, je me livre à une généralité consolante; lorsque je dis que tôt ou tard *le doigt d'en haut s'appesantit sur les têtes les plus superbes;* qu'il arrive un jour enfin où les scélérats ne trouvent plus de refuge, *où l'enceinte des palais cesse de les couvrir de son ombre;* je pourrais encore me retrancher dans la généralité de mes expressions; je pourrais enfin m'étonner, à bien juste titre, qu'on puisse à ce point s'effrayer d'aussi saintes maximes.

Mais je veux un instant écarter de telles explications. Supposons qu'un citoyen, par de fâcheuses inductions, ait le malheur de penser qu'en effet d'éminens personnages, abusés peut-être, ou par de faux principes, ou par de faux intérêts, ne craignent point de tremper eux-mêmes dans ce genre de complicité; je suppose qu'une telle protection lui semble un obstacle invincible au succès de sa juste poursuite; pourquoi ne pourrait-il proférer le cri d'alarme ou de douleur sur cette fatale conjecture? pourquoi n'emploierait-il pas tous ses efforts pour signaler du moins un tel obstacle? Le premier qui s'éleva contre le droit d'asyle, ouvert jadis au crime dans les lieux les plus saints, ne fut-il donc qu'un citoyen inconsidéré? Une telle action mérita-t-elle le blâme; ou bien mérita-t-elle la reconnaissance des vrais amis de l'humanité?

Il est d'ailleurs un principe fondamental dans toute monarchie constitutionnelle, principe sur lequel on ne saurait trop insister, c'est que *la personne du Roi seul est inviolable et sacrée :* par une heureuse fiction, jamais le monarque ne peut faire ni vouloir le mal ; ce serait donc commettre un délit ou une grande inconvenance, de diriger contre sa personne la moindre insinuation défavorable. Mais, hors de là, tout rentre dans le droit commun. Il n'est *aucune autre personne*, j'insiste encore beaucoup sur ce principe, qu'on ne puisse désigner à l'autorité, ou comme coupable d'un crime, ou comme favorisant un criminel. Certes, de telles accusations, de simples insinuations même ne doivent point être faites avec injustice ou légèreté; mais c'est un devoir qu'on ne doit pas plus négliger envers l'homme le plus obscur qu'envers le citoyen du rang le plus élevé. Je briserais à l'instant ma plume, si j'avais pu m'oublier à ce point; mais j'ose, à cet égard, en appeler à la conscience de mes plus intrépides censeurs.

Ce dernier passage me semble donc, ainsi que tous les autres, entièrement justifié aux yeux des hommes raisonnables.

Maintenant, que penser de l'arrêt prononcé contre moi par le conseil de discipline ? Comment ce conseil a-t-il pu, sans hésiter, me déclarer *parjure* au serment que j'avais prêté « d'obéissance » aux constitutions de l'État, de fidélité au Roi, de ne rien dire » ni publier de contraire aux lois, aux réglemens, à la sûreté de » l'État et à la paix publique ; de ne jamais s'écarter du respect dû » aux tribunaux et aux autorités publiques ? » Ah ! si j'encours aujourd'hui sa disgrace, ce n'est point pour avoir violé de tels sermens ; c'est, au contraire, pour leur avoir été trop sincèrement fidèle ; c'est pour avoir trop religieusement professé le respect des lois et du pacte fondamental; c'est pour avoir élevé ma voix contre leurs infracteurs ; c'est surtout pour n'avoir point abjuré cet autre serment, que tout avocat doit porter dans son cœur, de soutenir l'opprimé, de résister à l'arbitraire, de ne jamais déserter la cause du faible contre le puissant.

Non, je ne suis point un parjure ; non, je n'ai point cessé de mériter l'estime de mes concitoyens ni de mes confrères. Parmi ces derniers, il en existe sans doute dont les opinions ne s'accordent point avec les miennes ; mais il n'en est aucun, j'en ai la conviction intime, il n'en est aucun, même entre ceux qui ont concouru à ma radiation, qui ne soit prêt à m'accorder sa confiance toute entière. Au milieu des orages politiques, les passions s'exaltent, le cœur s'aigrit, les hommes les plus estimables peuvent un instant se repousser; mais enfin le calme renaît, les dissentions civiles

7

s'évanouissent, le proscrit rentre en grâce; et cette grâce est un triomphe, quand il a su conserver un noble caractère.

Ma tâche principale est remplie. Je viens de faire voir que la radiation du tableau par le conseil de discipline ne pouvait m'enlever mon droit à l'estime publique; et j'avais prouvé précédemment qu'elle ne pouvait avoir aucun effet *légal*; en d'autres termes, qu'elle ne pouvait me priver de la faculté d'exercer mon ministère dans toute son étendue.

Mais, demandera-t-on peut-être, quel sera donc le résultat définitif de cette mesure? Je vais y répondre par une simple citation d'un auteur consacré. Dans le *Répertoire de jurisprudence*, au mot *avocat*, page 4t8, il est dit : « *Un avocat rayé n'est autre* » *chose qu'un homme devenu désagréable à des confrères qui* » *l'avaient admis parmi eux.* » Or, pour ce qui me concerne, ayant été rayé du tableau par le conseil de discipline seulement, il en résulte que *je suis devenu désagréable* à huit ou dix ou quinze au plus de mes confrères, sur quatre ou cinq cents qui forment le barreau de Paris.

Voilà donc l'unique effet d'un acte présenté avec tant d'éclat, et comme devant avoir pour moi des suites si redoutables.

O vous donc, mes jeunes confrères ! vous, dont on voudra trop souvent comprimer le généreux essor, obéissez sans crainte aux nobles inspirations de votre ame; ne vous laissez point effrayer par le vain appareil d'une répression illégale. La loi nous protége contre l'arbitraire et l'oligarchie de nos prétendus régulateurs. Remplissez toujours vos fonctions avec zèle, avec délicatesse, et vous saurez braver la censure ! Oh ! si vous saviez combien l'accomplissement du devoir donne de force et de calme ; si vous saviez combien alors la persécution même est impuissante ; vous trouveriez une pareille tâche bien douce et bien facile. Vous lutterez donc sans cesse avec courage, avec constance, contre toute espèce d'iniquités, contre l'intrigue, contre la fraude, contre l'injuste puissance. Alors, l'estime de vos semblables, la sécurité de votre conscience sauront amplement vous dédommager des petites haines de quelques hommes serviles ou passionnés.

Joseph REY, de Grenoble,
avocat à la Cour Royale de Paris.

De l'Imprimerie de RENAUDIERE, Marché-Neuf, n°. 48.

www.ingramcontent.com/pod-product-compliance
Lightning Source LLC
Chambersburg PA
CBHW032314210326
41520CB00047B/3099

* 9 7 8 2 0 1 1 2 8 4 9 1 4 *